Editorial

Liebe Leserinnen, liebe Leser,

der bunte Sommer ist da, vieles steht in Blüte, und auch wir haben wieder einen bunten Strauß gebunden, in dem manche Blüte leuchtet. Vers- und Prosadichtungen natürlich, aber auch Berichte und Hintergründe, die zu mußevollen Spaziergängen durch geistige Landschaften einladen. Feiern wir also den Sommer. Feiern wir das Gute, Wahre und Schöne in einer Welt, die in diesen Zeiten auch schattig ist an vielen Orten.

Zu feiern gibt es auch einiges in der Literatur. Thomas Mann wird 150, das deutschsprachige Haiku 100 Jahre alt, zumindest dessen erste Veröffentlichung, soweit bekannt. Der Herr Mann ist nicht unser Thema, das Haiku schon. Wir wollen es in besonderer Form zubereiten, daran sei nochmal erinnert: in einem Haiku-Kochbuch. Noch ist nichts angebrannt, noch können Sie Ihren Senf dazugeben. Schicken Sie uns also gerne Ihre Rezepte und Haiku, bis zum 31. Juli halten wir das Kochstudio für Sie geöffnet.

Bis dahin seien Sie eingeladen zu einer vielfältigen Reise durch dieses Heft, denn Sommerzeit ist Reisezeit. Ob durch poetische Landen oder real in ferne Gefilde, Haiku-Momente treiben allerorten ihre Blüten …

Italien!
das süße Leben
im Zitronenhain

Eine süße und genussvolle Lektüre wünscht herzlich

Ihr
Horst-Oliver Buchholz

Inhalt

Deutsche Haiku-Gesellschaft e. V.

Die Deutsche Haiku-Gesellschaft e. V.[1] unterstützt die Förderung und Verbreitung deutschsprachiger Lyrik in traditionellen japanischen Gattungen (Haiku, Tanka, Haibun, Haiga und Kettendichtungen) sowie die Vermittlung japanischer Kultur. Sie organisiert den Kontakt der deutschsprachigen Haiku-Dichter untereinander und pflegt Beziehungen zu entsprechenden Gesellschaften in anderen Ländern. Der Vorstand unterstützt mehrere Arbeits- und Freundeskreise in Deutschland sowie Österreich, die wiederum Mitglieder verschiedener Regionen betreuen und weiterbilden.

[1]Mitglied der Federation of International Poetry Associations (assoziiertes Mitglied der UNESCO), der Haiku International Association, Tokio, Ehrenmitglied der Haiku Society of America, New York.

Anschrift	Deutsche Haiku-Gesellschaft e. V., z. Hd. Petra Klingl, Wansdorfer Steig 17, 13587 Berlin
Vorstand	
Info/DHG-Kontakt und Redaktion	Eleonore Nickolay, eleonore.nickolay@dhg-vorstand.de
Redaktion	Horst-Oliver Buchholz, horst-oliver.buchholz@dhg-vorstand.de
Kassenwartin	Petra Klingl, petra.klingl@dhg-vorstand.de
Website	Claudia Brefeld, post@claudiabrefeld.de
Internationale Kontakte	Klaus-Dieter Wirth, kd.wirth@dhg-vorstand.de
	Peter Rudolf, peter.rudolf@dhg-vorstand.de
	Frank Sauer, frank.sauer@dhg-vorstand.de
	Tobias Tiefensee, tobias.tiefensee@dhg-vorstand.de
Bankverbindung:	Landessparkasse zu Oldenburg, BLZ 280 501 00, Kto.-Nr. 070 450 085 (BIC: SLZODE22XXX, IBAN: DE97 2805 0100 0070 4500 85)

© 2025 Deutsche Haiku-Gesellschaft e. V.
Verlag:
BoD · Books on Demand GmbH,
Überseering 33, 22297 Hamburg,
bod@bod.de
Druck:
Libri Plureos GmbH,
Friedensallee 273, 22763 Hamburg
ISBN: 978-3-8423-0649-3

Bücher

Berichte

Redaktion SOMMERGRAS

Aufruf
Ein Haiku, das mich besonders anspricht

> Sommergras
> ist alles was blieb
> vom Traum der Krieger

Dieses berühmte, wohl tausendfach übersetzte Haiku von Bashō ist der Namensgeber unserer Vierteljahresschrift. 1988 von der DHG-Gründerin Margret Buerschaper ins Leben gerufen, hat SOMMERGRAS seitdem in 149 (!) Ausgaben unzählige Haiku-Dichtungen (und mehr) hervorgebracht, vom traditionellen Jahreszeiten-Haiku mit Kigo bis zu avantgardistischen Verskreationen. Aus diesem Anlass, der bald 150. Ausgabe, möchten wir Sie einladen, uns eines Ihrer Lieblings-Haiku aus 37 Jahren SOMMERGRAS zu schicken!

Ein Haiku, „das mich besonders anspricht", wie es in einer unserer Rubriken heißt. Stöbern Sie in alten Ausgaben, erfreuen Sie sich an Bekanntem oder entdecken Sie Neues. Suchen Sie sich ein Haiku aus, das Sie besonders anspricht, und schreiben Sie ein paar Sätze dazu. Was berührt Sie an diesem Haiku, hat es eine persönliche Erinnerung ausgelöst, zu einem neuen Gedanken inspiriert? Das interessiert uns – und sicher auch alle Haiku-Freunde. Schicken Sie uns Ihr Lieblingshaiku und ein paar Sätze dazu an

redaktion@sommergras.de
Stichwort: Haiku 150
Einsendeschluss: 15. Juli 2025

Wir freuen uns auf Ihre Zusendungen, die wir im Jubiläumsheft, der 150. Ausgabe, veröffentlichen möchten.

KreAktiv

Ein Haiku dichten zum Begriff *ikigai*, dazu hatten wir eingeladen. *ikigai* heißt so viel wie „Lebenssinn" oder auch „Wert des Lebens". Es ist ein vieldeutiger, tiefer und durchaus philosophisch geprägter Begriff. Ken Mogi, ein japanischer Neurowissenschaftler und Autor, hat dazu ein vielbeachtetes Buch geschrieben, es trägt den Untertitel „Die japanische Lebenskunst". Und so vielseitig wie der Begriff waren auch die Haiku, die uns erreichten, 23 an der Zahl. Die meisten Punkte bekam ein Haiku von Hubert Heizmann, wir gratulieren, es lautet:

erste Knospen –
ich packe den Koffer
wieder aus

Ein Haiku von gelassener Lakonie, wie es gute Haiku auszeichnet. Keine vordergründige Pointe, kein eitler Effekt, kein Blendwerk bedrängt den Leser. Stattdessen eine einfache Wahrnehmung (die „ersten Knospen") und eine Handlung, die daraus folgt, das Auspacken des Koffers. Der offene Raum, der ein gutes Haiku ausmachen kann, liegt dazwischen. Offenbar war eine Reise geplant, der Koffer schon gepackt, doch die Wahrnehmung der ersten Knospen lässt innehalten – und führt zum Entschluss der Umkehr. Die Reisepläne werden storniert, die Sachen aus dem Koffer genommen, der Entschluss steht: Ich bleibe! So weit, so gut. Was es noch besser macht, das Haiku: Es ist kein großes schicksalhaftes Ereignis, das die Reise vereitelt, sondern eine kleine wie beiläufig scheinende Beobachtung in der Natur: Schau, die ersten Knospen. Da bricht etwas auf, aber nicht der Reisende, sondern die Knospen. Aufbruch steht sinnbildlich für etwas Neues, hier aber wird daraus ein Bleiben. Goethe kommt uns in den Sinn, der schrieb: „Warum in die Ferne schweifen? Sieh, das Gute liegt so nah. (…)". Hier ist es die Nähe zur Natur; eine Nähe, die sich durch das Haiku zu einem weiten Erfahrungsraum öffnet. Gerne begeben wir uns dort hinein.

Kommentiert von Horst-Oliver Buchholz

Vier weitere Haiku sind ausgewählt worden, die wir hier gerne präsentieren. Alle weiteren Haiku erscheinen wie immer auf der DHG-Website www.haiku.de/sommergras149.

Flohmarktkaufhaus
an der Theke das Lächeln
kostenlos

    Birgit Heid

teestunde
behagliche wärme
mit meerblick

    Georg Leng

im Atem des späten Tages – alle Zeit

    Angela Schmitt

du fragst nach dem Sinn
die blühende Rose
verströmt ihren Duft

    Marie-Luise Schulze Frenking

Und sonst? … feiern wir Geburtstag, ein Jubiläum zumindest. Denn vor 100 Jahren war es, soweit es nach bekannten Quellen nachvollziehbar ist, dass erstmals ein deutsches Haiku veröffentlicht worden ist. Verbunden ist dieser literarische Geburtstag mit dem Namen Franz Blei (*18. Januar 1871 in Wien, †10. Juli 1942 in Westbury, USA), einem österreichischen Schriftsteller und Übersetzer. Auch in diesem Heft berichten wir wieder über den Pionier der deutschsprachigen Haiku-Dichtung und wollen uns auch in dieser Rubrik dem Poeten aus Wien zuwenden. Zugegeben, seine Haiku klingen für moderne verständige Haiku-Ohren leicht befremdlich, aber so ist das eben, tempora mutantur … Aber wäre es nicht reizvoll, eines seiner Haiku weiterzudichten, sodass ein Tan Renga daraus wird? Lassen Sie es uns versuchen, dazu möchten wir einladen: **Wir geben eines seiner Haiku vor, dichten Sie dazu den Unterstollen in zwei Zeilen.** Wir sind dieses Mal besonders gespannt. Achtung, hier kommt das Haiku …

Es löst an ihrem Seidenstrumpf
Sich langsam eine Masche –
Und menschlich lächelt nun die Wade.

Franz Blei 1925

Einsendungen bitte an:

redaktion@sommergras.de
Stichwort: Haiku KreAktiv
Einsendeschluss: 15. Juli 2025

Foto: Gabi Buschmann

Haiku-Kaleidoskop

Klaus-Dieter Wirth

Die Evolution des Haiku als eigenständiges Genre
in der westlichen Welt (Teil 1)

Zunächst ist schon die Entdeckung des Haiku durch und für die westliche Welt einem außergewöhnlichen, politischen Ereignis zu verdanken, nämlich der nach Jahrhunderten der totalen Eigenabschottung Japans von 1603 bis 1868 unter der gestrengen Herrschaft der Militäraristokratie des Tokugawa-Shōgunats mit ihrer Samurai-Kriegerkaste erst durch einen amerikanischen Flottenverband 1853/4 erzwungenen Öffnung des Landes für die Außenwelt. Für die westliche Seite waren vor allem Handelsinteressen, also wirtschaftliche Aspekte im Hinblick auf die Erschließung des bis dahin unzugänglich gebliebenen Inselstaates von ausschlaggebender Bedeutung gewesen. Aus japanischer Sicht sah man sich quasi von jetzt auf gleich vor der Aufgabe, den notwendig gewordenen Übergang vom mittelalterlichen Feudalwesen zum Industriezeitalter der Moderne zu bewältigen. Umso erstaunlicher, dass der unmittelbare Umbruch (*bakumatsu*) von der Ankunft der „schwarzen Schiffe" (*kurofune*) unter dem Kommando von Matthew Perry 1853 und seiner Kanonenbootpolitik bis zur definitiven Rückgabe der Herrschaft vom Shōgun an den Tennō 1867 trotz zum Teil heftiger innerer Unruhen und sogar kriegerischer Auseinandersetzungen unter den jeweiligen Anhängern in so relativ kurzer Zeit gelang. Das Verhältnis zum Westen schwankte in dieser Periode von extremer Fremdenfeindlichkeit bis zu einer übertriebenen Bewunderung der westlichen Zivilisation und ihrer Erscheinungsformen, zuweilen bis zur Infragestellung der eigenen Vergangenheit und Kultur. Doch mit der darauf folgenden Meiji-Ära (1868–1912) unter dem Kaiser Mutsuhitu kam es nicht nur zu einer differenzierteren Betrachtungsweise, die im zunehmenden Maße auszuwählen verstand und nur das für nützlich Erachtete in die für Japan gemäße Form umschmolz, sondern auch zum effektiven Aufbau eines neuen politischen Systems nach westlichen Vorbildern im Verbund mit einer völligen Umgestaltung der japanischen Wirtschaft und Gesellschaft. Vieles wurde direkt nach westlichen Vorbildern neu eingerichtet, so etwa die Organisation der Exekutive und des Strafrechts, wobei französische Beamte Pate standen, oder die neue Verfassung von 1881 und das neu in Kraft getretene, Bürgerliche Gesetzbuch, die sich eng an die preußisch-deutschen Vorlagen anlehnten, oder die Einführung der allgemeinen Wehrpflicht im Verbund mit dem Aufbau eines Heeres, bei dem sowohl deutsche als auch französische Ausbilder maßgeblich mithalfen.

Direkte Spiegel dieser rasanten Entwicklungsphase mit all ihren Veränderungen sowohl in der Selbst- als auch Fremdwahrnehmung waren auch die seit 1851 in London aufgekommenen Weltausstellungen. 1867 in Paris war Japan noch als kleiner Teilnehmer vertreten, aber bereits 1873 in Wien nahm man Japan als einen der beliebtesten wahr.

Neben dem Ingangkommen des wirtschaftlich-politischen Austauschs faszinierte den Westen bald schon auch die besondere fernöstliche Exotik des Landes mit ihrer hohen kunstgewerblichen Ästhetik und Kompetenz in der Töpferei (Keramik wie auch Porzellan), Malerei (zur Dekoration, in Tusche oder als Druckgrafik) sowie Textilkunst, Gartengestaltung und Architektur. Vor allem die zeitgenössischen europäischen Impressionisten waren sogleich von der so ganz anderen Technik im Bereich des Farbholzschnitts angetan, von dem Fehlen einer Perspektive, eines eindeutigen Bildmittelpunkts, sodann von den Licht- und Schatteneffekten, den „kräftig leuchtenden Farben in ‚flachen‘ Räumen, den stilisierten Figuren in seltsam beschnittenen Ansichten, von der Asymmetrie, der Dynamik in der Bewegung, der erstaunlichen Sparsamkeit der Mittel, kurz von der Kunst der Suggestion mit schnellen, einfachen Strichen und Farben.“[1]

Ähnlich entsprach auch die Literatur ganz und gar nicht den überkommenen Vorstellungen. So brachte die Abgeschlossenheit des Inselvolkes

---

[1]s. w. u. Hokenson, Jan Walsh: *Haiku in a Western Genre …*, S. 150

schon früh einen besonderen Formsinn hervor. „Jeder Inhalt …", schrieb der Japanologe Wilhelm Gundert[2] (1880–1971), „wird dem Japaner zur Form, und nur solche, in fester Begrenzung, in typischer Gültigkeit, hat für ihn Wert und Bedeutung." Daraus erklärt sich auch, warum die japanische Literatur so angenehm frei von pädagogischen und moralischen Absichten blieb.

Ihre ersten, schriftlich festgehaltenen Ursprünge gehen bis auf die Nara-Zeit (710–794) zurück, gleich dokumentiert durch eine imposante „10.000-Blätter-Sammlung" (*Man'yōshū*) mit rund 4.500 Gedichten von 491 Dichtern und 70 Dichterinnen, die alle Stände vertreten, mehrere Kaiser und Kaiserinnen ebenso wie Adelsgeschlechter, Mönche oder Fischer. Bezeichnend, dass bereits hier die Grundform japanischer Poesie in Erscheinung tritt, nämlich einerseits der Wechsel zwischen Kurz- und Langzeilen und andererseits das den Rhythmus beherrschende Verhältnis von 5 zu 7 Moren, in etwa den Silben gleichzusetzen. Auffällig ist, dass bereits in dieser Anthologie die Form des 31-silbigen Kurzgedichts, *Waka* bzw. *Tanka* überwiegt, auf die das spätere Kettengedicht *Renga* und das 17-silbige Kurzgedicht *Haiku* zurückzuführen sind. *Waka* wurde dann auch als Sammelbegriff für alle verschiedenen, poetischen Stilformen[3] verwendet und später nur mit dem *Tanka* identifiziert.

Mit der endgültigen Erschließung Japans durch den Westen ging alsbald auch die wissenschaftliche Beschäftigung mit der Sprache und Kultur des Landes einher, die Gründung der Japanologie in Deutschland durch Rudolf Lange (1850–1933, ab 1887 in Berlin lehrend) und Karl Florenz

---

[2]Gundert, Wilhelm: *Die japanische Literatur*. In: Oskar Walzel (Hrsg.): Handbuch der Literaturwissenschaft, Potsdam (Athenaion) 1929.
[3]Tanka = Kurzgedicht mit 5-7-5-7-7 Moren.
 Chōka = Langgedicht mit 5-7-5-7 … 5-7-7 Moren.
 Bussokusekika = Buddha-Fußabdruck-Gedicht mit 5-7-5-7-7-7 Moren.
 Sedōka = Gedicht mit wiederholtem Kopf mit 5-7-7-5-7-7 Moren.
 Katauta = unvollständiges Gedicht mit 5-7-7 Moren.
 Imayō = Gedicht im sog. modernen Stil mit 7-5-7-5-7-5-7-5 Moren, begleitet von Musik und Tanz; erst in der Mitte der Heian-Zeit um 1000 entstanden.

(1867–1939; ab 1888 Professor in Tokio), wobei man das Augenmerk zunächst auf die altjapanische Lyrik und das Tanka richtete. So war es dann auch zunächst die Poesie, die das gebildete Publikum zu Beginn des 20. Jahrhunderts von der Literatur des Landes aufnahm, und zwar vor allem mit gewissem Erstaunen das Haiku, obwohl sich dieses erst im 17. Jahrhundert aus der viel älteren Kettendichtung verselbstständigt hatte.

Wie nicht anders zu erwarten und dennoch besonders bemerkenswert, spiegelten alle sogleich unternommenen internationalen Übersetzungsversuche unmittelbar den Geist der Zeit wider. Einmal betrachtete man dabei natürlich von vornherein das fremdartig Ungewöhnliche dieser Gedichtform mit den eigenen traditionell geschulten Augen; zum anderen hatte man im Zeitalter der Kolonialisierung, in dem man ja lebte, umso weniger Bedenken, das neu zugänglich Gemachte ganz in seinem Sinne aufzunehmen und einzurichten. So wertvoll die ersten Anthologien für das Bekanntwerden des Haiku im Westen zunächst auch waren – seien es die von Basil Hall Chamberlain[4], Karl Florenz[5] oder Michel Revon[6] – sie enthielten nur ganz selten Beispiele direkter, linguistischer Übersetzungen.

Schon rein formal suchte man gleich nach überkommenen Parallelen und sah dabei allzu rasch im Epigramm, das bis in die Antike zurückgeht, eine Entsprechung. Kaum verständlich, da dieses strukturell ein Zweizeiler (Distichon) ist und inhaltlich ursprünglich als Aufschrift, etwa auf Monumenten, und dann vor allem als burlesk-satirischer Sinnspruch, fungiert. Das Haiku dagegen bedient sich bekanntlich der Sprache als intuitiv beschreibendes Medium. Zieht man allerdings die folgende ziemlich verallgemeinernde Definition eines Epigramms in Betracht, die von Basil Hall Chamberlain selbst stammt, dazu in der entsprechenden Form und auch noch gereimt:

---

[4] „The Classical Poetry of the Japanese" (1880), „Bashō and the Japanese Poetical Epigram"(1902)
[5] „Dichtergrüße aus dem Osten" (1894), „Japanische Dichtungen" (1895), „Bunte Blätter japanischer Poesie" (1896)
[6] „Anthologie de la littérature japonaise des origines au XXᵉ siècle» (1910)

*What is an epigram? A dwarfish **whole**,*
*Its body brevity, and wit its **soul**.*

Was ist ein Epigramm?
Ein zwergenhaftes Ganzes,
Sein Körper kurz und witzig
sein Geist.

dann wird schon einleuchtender, weshalb er auf die bewusste Gleichsetzung mit dem Haiku zurückgegriffen hat. So war es wohl letztlich das Kriterium der Prägnanz, das für das Epigramm sprach!

In Spanien im Besonderen glaubte man eine gewisse Verwandtschaft mit den einheimisch volkstümlichen Strophenformen der Copla und Seguidilla auszumachen, und zwar auf der Grundlage ihrer ebenfalls 5- und 7-silbigen Zeilenstruktur. Doch man suchte weiter eifrig nach im Westen vertrauten lyrischen Erkennungsmerkmalen und griff dabei vornehmlich zu einer Überschrift und/oder zu einem Reim. Beispiele dieser Art tauchen bis heute auf.

So etwa fügte schon die österreichische Sinologin Anna von Rottauscher (1892–1970)[7] ihren Haiku-Übertragungen willkürlich Überschriften hinzu:

DER TEICH

Ein stiller, dunkler Teich.
Horch, hörst du's plätschern?
Ein Fröschlein sprang ins Wasser!
    Matsuo Bashō

EINTAGSFLIEGE

Noch zirpst du ganz fröhlich,
kleine Zikade …
Doch schon wartet der Tod!
    Matsuo Bashō

Der brasilianische Dichter Guilherme de Almeida (1890–1969), Pionier des portugiesischsprachigen Sprachraums, verwendete nicht nur bei seinen eigenen Haiku eine Überschrift, sondern bürdete sich sogar noch jeweils zwei Reime auf!

---

[7] „Ihr gelben Chrysanthemen – Japanische Lebensweisheit", Salzburg 1971

História de algumas vidas	Die Geschichte einiger Leben

*Noite. Um silvo no **ar**.* Nacht. Ein Rauschen in der Luft.
*Ninguém, na estação. E o **trem*** Keiner am Bahnhof. Und der Zug
*passa sem par**ar**.* fährt vorbei ohne anzuhalten.

Velhice Das Alter

*Uma folha **morta**.* Ein totes Blatt.
*Um **g**alho no céu gris**alho**.* Ein Zweig im grauen Himmel.
*Fecho a minha **porta**.* Ich schließe meine Tür.

Doch selbst bei den neueren, amerikanischen Wegbereitern Kenneth Yasuda (1914–2002)[8] und Harold Gould Henderson (1889–1974)[9] bleibt man noch den westlichen Gepflogenheiten verhaftet, wie es ihre folgenden Übersetzungen eines Haiku von Matsuo Bashō belegen:

THE CICADA DIE ZIKADE

In the cicada's **cry** Im Schrei der Zikade
There's no sign that can foretell Gibt's kein Anzeichen dafür
How soon it must **die**. Wie bald sie sterben muss.

Summer Voices
So soon to **die**,
and no sign of it is showing –
locust-**cry**.

[8] „The Japanese Haiku, Its Essential Nature, History, and Possibilities in English, with Selected Examples", 1973
[9] „An Introduction to Haiku: an Anthology of Poems and Poets from Bashō to Shiki", New York (Doubleday/Anchor) 1958

Sommerstimmen
So bald zu sterben,
und kein Zeichen davon ist zu sehen –
Heuschreckenschrei.

Und ebenso versucht auch die zeitgenössische, kanadische Dichterin Diane Descōteaux (* 1956) ihren Haiku mit Hilfe des Reims eine besondere Note zu geben:

<table>
<tr><td>conduite à la brune –</td><td>Fahrt im Abenddämmern –</td></tr>
<tr><td>coup d'œil au rétroviseur:</td><td>Blick in den Rückspiegel:</td></tr>
<tr><td>suivi par la lune</td><td>vom Mond verfolgt</td></tr>
</table>

Grundsätzlich gilt es – das Thema Reim abschließend – zwei Gegebenheiten festzuhalten: Im Japanischen kann der Reim aufgrund der besonderen Struktur dieser Sprache, die fast ausschließlich aus Wörtern besteht, die auf offene, also auf einen Vokal auslautende Silben enden, prinzipiell überhaupt keine Rolle spielen und sollte deshalb auch bei jedweder Art von Übertragungen nicht künstlich eingeführt werden! Zum anderen kann ein Reim in einem anderssprachigen Haiku durchaus vertretbar erscheinen, sofern er nicht formal ausschmückend eingesetzt wird, sondern nur zur rein klanglichen Unterstützung der inhaltlichen Aussage, wobei das Spiel mit der Sprache sozusagen die Kostbarkeit des Augenblicks veredelt!

Dazu ein Beispiel des französischen Haiku-Autors Patrick Blanche (*1967):

<table>
<tr><td>rares instants de paix</td><td>rare Momente der Ruhe</td></tr>
<tr><td>quand le frigidaire se tait</td><td>wenn der Kühlschrank schweigt</td></tr>
<tr><td>on entend le vent</td><td>hört man den Wind</td></tr>
</table>

Als eine weitere formale Fehlüberlegung neben einer integralen Überschrift und einem Reim ist der Rückgriff auf einen Versfuß zu bewerten, also auf ein sich rhythmisch wiederholendes, metrisches Schema bzw. eine geregelte Abfolge von Hebungen und Senkungen, wie es der österreichisch-tschechische Lektor für japanische Sprache an der Karls-Universität in Prag Gerolf Coudenhofe mit seiner entsprechenden, konsequenten Verwendung des Trochäus in seiner für den deutschsprachigen Sprachraum wegweisenden Anthologie „Japanische Jahreszeiten"[10] propagierte. Das oben bereits in einer Übersetzung von Harold Gould Henderson angeführte Haiku von Matsuo Bashō zeigt demnach bei Gerolf Coudenhofe das folgende Betonungsschema: X x X x X / X x X x X x X / X x X x X

Niemand wüßte, daß
sie so bald schon sterben muß,
der die Grille hört –

Auch eine solche Entscheidung ist im Hinblick auf die japanische Ausgangslage nicht zu rechtfertigen, da man dort keinen dezidierten Wechsel von betonten und unbetonten Silben kennt, weil jede Silbe die gleiche Länge und Stärke hat. Eine gewisse Betonung liegt nur durch den sogenannten Tonhöhenakzent vor, bei dem leicht unterschiedliche Tonhöhen genutzt werden, um Wörter zu unterscheiden und Sätze zu strukturieren. Demzufolge verbietet sich von vornherein jede Form von Rhythmisierung im Sinne einer westlichen Metrik!

Zum Glück setzte sich letztlich trotz alledem die dem japanischen Original entsprechende dreiteilige Grundform des Haiku, prinzipiell aus 5-7-5 Silben bestehend, ganz ohne diese Eskapaden durch. Zwar erfolgt die herkömmliche Niederschrift eines Haiku im Japanischen in nur einer senkrechten Zeile, doch bleibt dabei die Dreiteilung ganz dem Silbenschema als solchem gemäß immer deutlich erkennbar. Streng genommen ist

---

[10]Coudenhofe, Gerolf: *Japanische Jahreszeiten – Tanka und Haiku aus dreizehn Jahrhunderten*, Zürich (Manesse) [7]1994

allerdings die Gleichsetzung mit Silben nicht völlig korrekt, da es sich hier eigentlich um Moren handelt, deren Handhabung jedoch in den westlichen Sprachen viel zu kompliziert wäre, sodass hiermit ein akzeptables Äquivalent gegeben ist.

Neben all diesen formalen Aspekten gebührt natürlich bei der Wiedergabe eines fremdsprachigen Textes der inhaltlichen Seite mindestens eine ebenso große Aufmerksamkeit, damit es nicht zu einer unsachgemäßen „Vermittlung" kommt. Die drei möglichen, verschiedenen Schritte bei diesem Prozess wurden von dem renommierten Übersetzer Karl Dedecius (1921–2054) folgendermaßen definiert: Übersetzung = zuverlässig, aber unkünstlerisch; Übertragung = künstlerisch und zuverlässig; Nachdichtung = künstlerisch, aber unzuverlässig.[11] Allgemein gilt allerdings schon die Übersetzung als Endergebnis. Im Einzelnen ist auf dieser Stufe der erste Schritt eine sogenannte Interlinearversion, d. h. eine Wort-für-Wort-Übersetzung des Ausgangstextes, bevor im zweiten die grammatikalisch-strukturelle und im dritten schließlich die idiomatisch-ästhetische Anpassung an die Erfordernisse der Zielsprache erfolgt.

Zur Veranschaulichung ein Haiku-Beispiel von Matsuo Bashō:

natsu / kusa / ya   tsuwamono / domo / ga   yume / no/ ato

Sommer / Gras / Schneidewort (*kireji*), Marker für das Versende, für eine Zäsur oder auch für einen leichten Ausruf
Soldat, Krieger / Pluralsuffix / Subjektpartikel
Traum / Genitivpartikel / Spur, Reste

Daraus ergibt sich als Basismaterial lediglich:
Sommergras – / Krieger / Traumspuren

Bereits hier wird deutlich, wie offen und problematisch sich in der Regel japanische Haiku-Texte darstellen, kommt man doch schon beim zweiten

---

[11]Koller, Werner: Einführung in die Übersetzungswissenschaft, Heidelberg/Wiesbaden (Quelle & Meyer) 1992, S. 55

Schritt, der notwendigen, zielsprachlich adäquaten Ausformulierung, nicht an einer gewissen interpretatorischen Festlegung vorbei, d. h. die Übertragung steht an. Der letzte Schritt, die Nachdichtung, stellt sodann noch mehr Spielraum in puncto dichterischer Freiheit in Aussicht. Doch muss diese wiederum das Manko in Kauf nehmen, sich zu weit vom Quelltext entfernt zu haben, mag andererseits aber im Falle einer besonders gelungenen Komposition den Anspruch auf eine ausgesprochen eigene Anerkennung finden.

Zum direkten Vergleich nun eine Auswahl von Übertragungen des zur Diskussion stehenden Sommergras-Haiku von Matsuo Bashō:

Das Sommergras, ach,
Ist von den Kriegern nun noch
Der Rest der Träume

    Jan Ulenbrook

Sommergras im Wind –
Letzte Spur des Lebenstraums
manchen Kriegersmanns

Gräser des Sommers!
Von all den stolzen Kriegern –
die Reste des Traums.

    Ralph Rainer Wuthenow

Sommerliches Gras –
Spur von tapferen Recken
Traum geblieben!

Sommergras –
der Kriegshelden
letzte Traumspur

    Eduard Klopfenstein /
    Masami Ono-Feller

Blühendes Gras auf dem alten Schlachtfeld,
den Träumen entsprossen
der toten Krieger.

Wiegendes Sommergras!
Wohliges Lager warst du gar vielen
träumenden Kriegern!

    Heinrich Tieck

Oh, Halme, sommerhoch gewachsen
Dort, wo Krieger winters träumten
Wünschenden Traum.

Ach, Sommergras –!   Das Sommergras, ach!
Darauf waren die Krieger –   Was allein noch blieb von den
Nun die Spur von Traum   Träumen der Krieger

    Hisaki Hashi

Es sollte deutlich geworden sein, dass weder ein verbissenes Aufpolstern noch ein Verrenken des natürlichen Sprachflusses mit Blick auf die ominöse Silbenzahl noch verschrobene Ausdrucksweisen oder willkürlich hinzugefügte Inhalte, wozu gerne Adjektive herangezogen werden, zu überzeugenden Ergebnissen führen. Doch auch die inhaltliche Aussage darf niemals ausschmückend oder erklärend überfrachtet sein. In dieser Hinsicht sind nämlich auch die beiden letzten Beispiele unzulänglich, wobei prinzipiell festzuhalten ist, dass der korrekte inhaltliche Nachvollzug auf jeden Fall Vorrang hat vor der formalen Übereinstimmung mit dem 5-7-5-Silbenschema! Letzteres ist zwar als generelle Orientierungskomponente nach wie vor empfehlenswert, lässt sich aber bei Beachtung des japanischen Grundprinzips der Asymmetrie und eines der Zielsprache gerecht werdenden Rhythmus durchaus kompensieren.

Mit Blick zurück auf die Ausgangssituation, wie sie hauptsächlich durch die Übersetzungen des Engländers Basil Hall Chamberlain geschaffen wurde, ergab sich auch, begünstigt durch das zu jener Zeit bestehende britische Empire mit seiner weltweiten Ausdehnung, eine Grundlage, die mit ihrer allzu westlich fokussierten Brille und besonders dominanten Außenauswirkung nicht gerade zum Besten für eine angemessene Adaption des Haiku war. Nur allzu selten geschah nämlich eine Überlieferung in direkten Übersetzungen, häufig hingegen in eklektischen Nachdichtungen, also auf anderen, meist englischen Vorlagen beruhend, wie etwa in denen von Otto Hauser[12], Hans Bethge[13] bis hin zu Manfred Hausmann[14]. Bezeichnend ist in diesem Zusammenhang die Äußerung von Werner Helwig[15], „er versuche, aus dem Geist des Gedichts im Echo ein neues zu bilden.“

Auch der vermeintliche Neuansatz, den die Amerikaner beharrlich als Geburtsstunde ihrer eigenen Haiku-Adaptation herausstellen, entspricht nicht dem besonderen Charakter, den das Genre eigentlich und letztlich ausmacht. Dabei bezieht man sich beharrlich auf die Definition des Imagisten Ezra Pound (1885–1972), die er im Zusammenhang mit dem Musterbeispiel seiner neuen, literarischen Bewegung ablieferte, nämlich „an intellectual and emotional complex in an instant of time“ (ein intellektueller und emotionaler Komplex zu einem gewissen Zeitpunkt) und bezogen auf seinen berühmt gewordenen Zweizeiler mit Titel (!):

In a Station of the Metro
The apparition of these faces in the crowd;
Petals on a wet, black bough.

In einer Metrostation
Das Erscheinen dieser Gesichter in der Menge:
Blütenblätter auf einem nassen, schwarzen Zweig.

Abgesehen von den formalen Unzulänglichkeiten wird bei diesem Beispiel auch die inhaltliche Seite nicht den Grunderfordernissen eines genuinen

---

[12]Hauser, Otto: *Die japanische Dichtung*, Berlin (Brandus) 1921
[13]Bethge, Hans: *Japanischer Frühling.* Nachdichtungen japanischer Lyrik, Leipzig (Insel) 1911
[14]Hausmann, Manfred: *Liebe, Tod und Vollmondnächte.* Übertragung japanischer Gedichte, Frankfurt am Main (S. Fischer) 1951
[15]Helwig, Werner: *Wortblätter im Winde.* Nachdichtung japanischer Texte, Hamburg (Goverts) 1945

Haiku gerecht, die weder auf ein verstandes- noch gefühlsmäßiges Konstrukt wie diesen bemühten Vergleich zurückgehen, sondern vielmehr auf eine schlichte, sinnenhaft-intuitive Einzelwahrnehmung!

Diese Schiene – angelegt, wie bereits vermerkt, mit paternalistischem Habitus durch Basil Hall Chamberlain und sich vornehmlich am äußeren Erscheinungsbild des Haiku orientierend – verläuft fatalerweise noch bis in unsere Zeit, wie es die US- Professorin Jan Walsh Hokensen eigenkritisch bezeugt: „Angloamerikanische Gelehrte neigen zu der Annahme, dass das Haiku eine unbedeutende Unterhaltung ist, die auf der ganzen Welt identisch ist."[16] Chamberlain selbst hatte die beginnende Rezeption dieses doch sehr fremdartigen Genres seinerzeit mit den folgenden, prägnanten Äußerungen auf die falsche Fährte gelenkt: „eine zerbrechliche Form, die kaum einen Inhalt aufweist, die kleinste aller Vignetten"[17] bzw. – allgemeiner bezogen – „was der japanischen Literatur am meisten fehlt, ist Genialität. Es mangelt ihr an Gedankengut, logischem Zugriff, Tiefe, Breite und Vielseitigkeit. Sie ist zu zaghaft, zu eng, um große Dinge zu erfassen."[18]

An dieser Stelle ist auch wichtig, daran zu erinnern, dass die englischen und amerikanischen Interessen an Japan lange Zeit primär politischer und kultureller Natur waren, während sich die französischen von Anfang an künstlerisch und literarisch ausgerichtet hatten.[19]

---

[16]Hokenson, Jan Walsh: *Haiku in a Western Genre – Fellow Traveler of Modernism*, in: The Routledge Global Haiku Reader, edited by James Shea and Grant Caldwell 2023, p. 146–173, S. 148, ISBN 978-1-032272-65-8.

[17]ibid.

[18]ibid. S. 151

[19]Miner, Earl: *The Japanese Tradition in British and American Literature*, Princeton, NJ (UP) 1958, p. 77

Französische Ecke

Eleonore Nickolay

Die 86. Ausgabe von *Gong* (Januar 2025), der Vierteljahresschrift der frankofonen Haiku-Gesellschaft, weckte mit dem Thema „Gesundheit und Krankheit" mein besonderes Interesse.

Wie die Redakteurin Geneviève Fillion in ihrem Editorial zu Recht schreibt, sollte Krankheit kein Tabu sein und erst recht nicht im Haiku. Isabel Asúnsolo, die diesen Themenblock koordinierte, beschreibt das Haiku als einen Begleiter durch die schweren Phasen einer Krankheit. Im Haiku zeigt sich Liebe und Fürsorge. Es kann Trost spenden, legt aber auch Zeugnis ab von der physischen und psychischen Fragilität des kranken Menschen.

Hier eine kleine Auswahl der Haiku zum Thema:

<table>
<tr><td>

la fourmi
au milieu du chemin
où en suis-je du mien

    Daniel Birnbaum †

</td><td>

die Ameise
in der Mitte des Weges
wie weit bin ich auf meinem

</td></tr>
<tr><td>

elle nous montre un bol
avec les larmes aux yeux
— les cendres de son chat

    Line Michaud

</td><td>

sie zeigt uns eine Schüssel
mit Tränen in den Augen
— die Asche ihrer Katze

</td></tr>
<tr><td>

quelle heure?
je regarde la poche
de la perfusion

    Eric Hellal

</td><td>

Wie spät ist es?
ich schaue auf den Beutel
der Infusion

</td></tr>
</table>

ses mains tremblantes
c'est maintenant moi qui verse
le lait à mon père

    Geneviève Fillion

quelques pas
au bras de l'infirmière –
dernier automne

    Michel Duflo

batavia bio –
une colonie de pucerons
en pleine santé !

    Damien Gabriels

seine zitternden Hände
nun schenke ich die Milch ein
für meinen Vater

ein paar Schritte
am Arm der Krankenschwester –
letzter Herbst

Bio-Batavia –
eine Kolonie von Blattläusen
bei bester Gesundheit!

Diese Ausgabe von *Gong* hinterließ bei mir eigentlich aus zwei Gründen einen besonders nachhaltigen Eindruck. Zum einen als persönlich Betroffene, als die ich obige Beschreibung von Isabel Asúnsolo nur zu gut bestätigen kann.

Zum anderen als Redakteurin von SOMMERGRAS, denn das Vereinsmitglied Friedemann Schmidt sandte der Redaktion im September 2024 sein „Krebstagebuch". In seiner Mail schrieb er :

„Mit der vertikalen Senryu-Form habe ich eine Möglichkeit gefunden, einzutauchen in die Tiefe der eigenen Gefühle und über meine Schmerzen, Ängste, Diagnosen und medizinischen Maßnahmen usw. zu schreiben, um damit eine Entlastung und Erleichterung für einige Augenblicke am Tag zu erreichen. Der Verstand ist dann auf die Einhaltung der strengen Form fokussiert und abgelenkt von den Gefühlen der Ohnmacht und der Hoffnungslosigkeit, die mich oft überfallen.

Das tägliche Schreiben ist wie eine Insel in dem unüberschaubaren und komplexen Verlauf der Krankheit."

Auf unsere anteilnehmende Antwort und die Frage, welche Wünsche er
vielleicht an uns mit dem Versenden des Tagebuchs knüpfte, hat er nicht
geantwortet oder er konnte nicht antworten. Er verstarb im darauffolgen-
den November. Hatte uns schon sein Krebstagebuch betroffen gemacht,
so waren wir von der Nachricht seines Todes ehrlich bestürzt. Insgeheim
hatten wir bis dahin immer noch auf eine neue und erfreuliche Nachricht
von ihm gehofft.

Mit freundlicher Genehmigung seiner Gattin möchte die Redaktion mit
folgenden Haiku aus seinem Tagebuch seiner gedenken:

Wie geht es heute?
Hand hat Mühe zu schreiben
die leisen Worte

das Morgengrauen
die hellen Sommertage
nur Erinnerung

Mit kleinen Schritten
vorangehen wie Blinde
und immer bergab

Kein sicherer Ort
ich bin der Welt abhanden
gekommen heute

Foto: Claudia Brefeld

Conrad Miesen

Porträt und Würdigung von Heinrich Wiedemann

Am 15. Juli dieses Jahres würde das frühere DHG-Mitglied Heinrich Wiedemann 100 Jahre alt. Ein besonderer Anlass, um an diesen vielseitigen Autor und engagierten Naturschützer zu erinnern und seine Verdienste zu würdigen. Zwar hatte Margret Buerschaper zu dem (im Juni 2003 verstorbenen) Heinrich Wiedemann im Septemberheft der Vierteljahresschrift der DHG des Jahres 2003 bereits einen Nachruf publiziert (vgl. die Seiten 25–27), doch anlässlich des besonderen Jubiläums halte ich es für angebracht, nochmals ausführlicher auf sein Leben und Wirken einzugehen. Meine Frau und ich hatten ihn anlässlich des 2. Haiku-Kongresses der DHG an den Pfingsttagen 1991 in Lindenberg im Allgäu bereits persönlich kennengelernt und standen jahrelang mit ihm und seiner Frau Alfonsa brieflich in Verbindung.

Zur Biografie

Heinrich Wiedemann wurde am 15.7.1925 in Oberreute geboren und besuchte das Gymnasium in Lindenberg. Schon mit 18 Jahren wurde er (gewissermaßen von der Schulbank weg) als Soldat eingezogen zu Kampfeinsätzen während des Zweiten Weltkrieges in Italien, erlitt Verwundungen und landete schließlich nach der Genesung an Frontabschnitten im fernen Osten. Was er während dieser jahrelangen Phase (und auch in der späteren Kriegsgefangenschaft) an Gefahren und Grausamkeiten erlebte, hat ihn nachhaltig geprägt und traumatisiert, sodass er sein Leben lang davon nicht mehr loskam. Nach seinen eigenen Worten ist Wiedemann mehrfach nur durch glückliche Fügungen ganz knapp dem Tod entgangen, so etwa kurz vor dem Kriegsende im Frühjahr 1945, als ihn ein deutsches Standgericht der Wehrmacht zum Tod und baldiger Exekution verurteilte, weil er mit einigen wenigen Kameraden, die nach einem Gefecht mit russischen Truppen von der ganzen Einheit noch übrig waren, ohne gültigen Marschbefehl unterwegs war. Auch in dieser Lage entging er nur durch einen seltsamen Zufall der Hinrichtung.

Nach dem Kriegsende folgte eine lange Leidenszeit in mehreren russischen Gefangenenlagern tief in der Taiga Sibiriens. Erst 1947 kehrte er, von Hunger und Entsetzen gezeichnet, zurück in die Allgäuer Heimat. Nachfolgend zwei seiner Senryu, die für sich selbst sprechen und seine Erfahrungen als Kriegsgefangener (u. a. in dem berüchtigten Moskauer Lubjanka-Gefängnis und in Ost-Sibirien) deutlich widerspiegeln.

Der Wachtposten drückt
ab. Einem Krähenschwarm nur
gelingt die Flucht.

Am Stacheldrahtzaun
blieben die Jugendjahre
in Fetzen hängen.

(Hinweis: In einigen, unter die Haut gehenden lyrischen Texten und Prosastücken hat Wiedemann im Jahr 2001 auch seine Erlebnisse in den sibirischen Gefangenenlagern in Buchform veröffentlicht. Der Band trägt den Titel ‚Nahe Heimat Fernes Sibirien' und wurde vom via-verbis-Verlag herausgebracht.)

Eine Ausbildung zum Förster und Studium der Forstwissenschaften erfolgte in Augsburg bzw. der Heimatregion. Heinrich Wiedemann brachte es bis zum Forstamtsleiter, der sich in Lindenberg niederließ und zwei Bezirke betreute.

1952 hatte er Alfonsa Fässler geheiratet. Aus der Ehe gingen zwei Kinder hervor. Als diese erwachsen waren, nahm das Ehepaar noch ein vietnamesisches Flüchtlingskind auf und hat sich auch später um dessen Familie rührend gekümmert.

Wiedemann war niemals ein bequemer Beamter, lehnte mehrfach sogar Beförderungen ab, weil er den Wald nicht gegen den Bürosessel eintauschen wollte. Mit großem Engagement setzte er sich für eine naturgemäße Waldwirtschaft ein.

Die letzten Lebensjahre waren von Krankheiten gezeichnet und vom totalen Verlust des Augenlichts, was ihn besonders hart traf und dazu zwang, eigene Texte jeweils anderen Personen zu diktieren. Wiedemann verstarb am 7. Juni 2003 und wurde auf dem Friedhof seines Geburtsorts Oberreute am 11.6.2003 beigesetzt. Hunderte nahmen am Grab von ihm Abschied.

Heinrich Wiedemanns literarische Aktivitäten

Von seinem Deutschlehrer während der Gymnasialzeit in Lindenberg motiviert, kam Heinrich Wiedeman bereits als Jugendlicher zur näheren Beschäftigung mit der Literatur und ersten Versuchen in den Gattungen Lyrik und Kurzgeschichte. Das regelmäßige Schreiben schien ihm ein Grundbedürfnis zu sein und entsprach auch (wie seine Tochter Sylvia Hartung es anlässlich der Beerdigungsfeier bei einer Ansprache zum Ausdruck brachte) „seiner tief verwurzelten Liebe zur Natur, zu der landschaftlichen Schönheit und den Menschen seiner Heimat". In ganz unterschiedlichen Stilrichtungen war er später zu Hause und verfasste neben Kurzgeschichten und längeren, frei rhythmisierten Gedichten auch pointierte Aphorismen, Texte in der Allgäuer Mundart und seit den 80er Jahren Dreizeiler und Fünfzeiler nach japanischem Vorbild. Auf Prägnanz und oft auch massive Gesellschaftskritik kam es ihm dabei besonders an. Seine literarischen Vorbilder waren Georg Trakl und Bertolt Brecht sowie die russischen Autoren wie etwa Leo Tolstoi und Lew Kopelew. Letzteren hatte er auch persönlich kennengelernt.

Die japanischen Kurzformen Haiku, Senryu und Tanka machte er durch sein vielfältiges Wirken und entsprechende Publikationen im Allgäu weit über den Wohnort Lindenberg hinaus bekannt. Neben mehreren Gedichtbänden stehen zahlreiche Veröffentlichungen in Zeitungen, Anthologien und im Rundfunk. Er wurde auch durch Übersetzungen seiner Texte in andere Sprachen bekannt.

Mitgliedschaften in literarischen Vereinigungen

Wiedemann war Mitglied der Salzburger Schriftstellervereinigung, des Werkkreises Literatur der Arbeitswelt, der ARGE Literatur Niederösterreich, der literarischen Gruppe Signatur (Lindau/Bodensee) und der Deutschen Haiku Gesellschaft.

Naturschützer und kritischer Zeitgenosse

Mutig, aufrichtig und konstant hat Heinrich Wiedemann in Wort und Tat für den Erhalt seiner Westallgäuer Heimat gekämpft. Besonders bemühte er sich dabei um den Plenter Wald, ein klimaresistenter Mischwald, der sich selbst verjüngt und der in der Allgäuer Region gewissermaßen Wiedemanns Handschrift trägt, und um einen naturnahen, stabilen Bauernwald.

Zwanzig Jahre lang war er ehrenamtlicher Geschäftsführer der Waldbesitzer-Vereinigung; 1971 Mitbegründer und sechs Jahre lang Vorsitzender des Kreisheimattags. Wiedemann veröffentlichte auch einige Bücher und Fach-Artikel zum Thema Natur und Umwelt.

Stets blieb er ein wacher, kritischer Zeitgenosse und engagierter Schriftsteller, der nicht nur seine eigenen Grenzerfahrungen und das in den 40er Jahren Erlittene zu Papier brachte, sondern sich auch mit ‚beißenden‘ Aphorismen im Hinblick auf aktuelle Missstände Luft machte. Sein soziales Engagement ging weit über die eigene Region hinaus. Kontinuierlich setzte er trotz seiner umfangreichen familiären und beruflichen Belastungen auch seine Kraft ein für Organisationen wie Terre des hommes, Amnesty International und Greenpeace.

Wiedemann schreckte nicht davor zurück, sich offen für die Belange von Unterdrückten und Schwachen einzusetzen, indem er unmissverständlich formulierte Briefe an die verantwortlichen Regierungen schrieb.

Preise und Auszeichnungen

Anfang der 90er Jahre bekam Heinrich Wiedemann die Karl-Gayer-Medaille verliehen, um seinen unermüdlichen und langjährigen Einsatz für die Allgäuer Waldungen zu würdigen. Als Mitglied der Salzburger Schriftsteller-Vereinigung erhielt er 1969 den Literaturpreis der ‚Silbernen Rose‘.

Bisher ist er der einzige Schriftsteller, dem der Kulturpreis der Stadt Lindenberg (im Jahr 1995) zugesprochen wurde. 2003 war er der achte und letzte Preisträger des, von der DHG verliehenen, Haiku-Preises zum Eulenwinkel.

Wirken in der Deutschen Haiku-Gesellschaft

Seit den 80er Jahren stand Wiedemann bereits mit Prof. Carl Heinz Kurz in Verbindung und hatte im Göttinger Halben Bogen-Verlag eigene Haiku und Senryu sowie Aphorismen publiziert. Der DHG trat er gleich in der Anfangsphase bei und hat deren Vorstand über Monate hinweg vorbildlich geholfen, den zweiten Haiku-Kongress, der in seinem Wohnort Lindenberg und der Umgebung im Frühjahr 1991 stattfand, zu organisieren und die Veranstaltungen am verlängerten Pfingstwochenende detailliert vorzubereiten.

Durch regelmäßige Lesungen und Aktionen in Schulen war er über Jahre hinweg bemüht, die Formen der japanischen Kurzgedichte im Allgäu bekannt zu machen. Als ihm im Juni 2003 beim 8. deutschen Haiku-Kongress in Bad Grönenbach der Haiku-Preis zum Eulenwinkel verliehen werden sollte, war er krankheitsbedingt nicht mehr in der Lage, die Urkunde und Preisgabe des Pocket Prints ‚Der Atem der Wälder‘ persönlich bei der Mitgliederversammlung am 7. Juni entgegenzunehmen. Carola Matthiesen hatte ihn am Tag vorher bereits aufgesucht und alles überbracht. Wie merkwürdig und tief berührend (so haben es wohl alle Anwesenden bei der Festveranstaltung am Pfingstsamstag empfunden), dass der Preisträger Heinrich Wiedemann ausgerechnet an diesem Tag in den frühen Morgenstunden verstorben war. Die damalige DHG-Vorsitzende Margret Buerschaper hat die traurige Nachricht dann den Anwesenden verkündet nach dem Ende der Laudatio, welche Carola Matthiesen auf Wiedemann gehalten hatte.

Nachfolgend ein kurzer Auszug aus dieser Preisrede von Frau Matthiesen, in der sie auch versuchte, die Wesensart seiner Gedichte zu charakterisieren.

> „Viele der Wiedemannschen Texte scheinen von einer leisen, manchmal sogar tiefen Wehmut bestimmt zu sein, ohne jedoch larmoyant zu wirken. Sie sind ergreifend in ihrer wunderbaren Schlichtheit und Intensität (…) verraten etwas vom Glück des Augenblicks, heben Unscheinbares aus seiner vermeintlichen Beiläufigkeit ins Licht.“

(zitiert nach: Sonderdruck der Vierteljahresschrift der DHG: ‚Der achte deutsche Haiku-Kongress‘; August 2003, Seite 22).

Auswahl von Haiku und Tanka

(dem Pocket Print ‚Der Atem der Wälder‘ von 2003 sowie der Anthologie ‚Strandgespült. Poetische Texte von vier Autoren zwischen Berg und See‘, Lindau 1998, entnommen).

Die erste Primel
zwischen den letzten Resten
Schnee. Wie warm sie macht.

Hinter föhnblauen
Wäldern steigt weißer Rauch auf.
Welt meiner Kindheit.

Blätter, zertreten
auf dem Asphalt. Jedes ein
Abschied für immer

Axthiebe hallen
hell durch den Dezemberwald.
Bist du es, Vater?

Mit nackten Armen
greifen die Pappeln ins Grau
alternder Tage.

Ich schreibe, weil mir
das Leben fast Tag für Tag
die Sprache verschlägt.

Märzmorgenhelle
läßt die Wälder verstummen.
Die Nacht in sich selbst.
Nur die Klage der Eulen
hängt noch im kahlen Geäst.

Meine Worte sind
vom Sturm zerfetzte Segel.
Strandgut von Träumen
sind meine Gedanken. Ich
bin ein gebrochener Mast.

Auswahl-Bibliografie:

1) Primärliteratur (bezieht sich nur auf Kurzgedichte nach japanischem Vorbild)

— Heinrich Wiedemann: Gedankenfurchen, Haiku, Senryu, Aphorismen. Verlag zum Halben Bogen, Göttingen 1987.
— Strandgut mit Träumen, Anthologie mit Texten von zehn Autoren
— zu Heinrich Wiedemann. Verlag Buchdruckerei Holzer, Weiler im Allgäu 1990. Seite 9 bis 16.
— Heinrich Wiedemann: Am Mast meiner Jahre, Haiku und Senryu. Verlag zum Halben Bogen, Göttingen 1992.
— Bio-Bibliografie der Mitglieder der DHG, hrsg. von Margret Buerschaper im August 1994. Heinrich Wiedemann: Seite 306 f.
— Heinrich Wiedemann: Spurensuche, Haiku, Tanka und andere Gedichte. Verlag zum Halben Bogen, Göttingen 1997.
— Heinrich Wiedemann: Der Atem der Wälder, Haiku, Senryu und Tanka. Verlag Graphikum, Dr. Mock, Göttingen 2003.

2) Sekundärliteratur

— Dr. Peter Czoik: Bayrische Staatsbibliothek, Autorenporträt Heinrich
— Wiedemann. www.bavaricon.de.

– Der Westallgäuer. Wichtig ist alles – alles ist nicht wichtig. Dem Lindenberger Schriftsteller Heinrich Wiedemann zum 75. Geburtstag. Ausgabe vom 15.7.2000.
– Armin Dorner: Tief verwurzelte Liebe zur Natur. Am Grab von Schriftsteller und Forstmann Heinrich Wiedemann, Der Westallgäuer, Ausgabe vom 13.6.2003.
– Rüdiger Jung: Rezension zu Heinrich Wiedemann. Spurensuche. VJS der DHG, Jg. 11, Nr. 41, Juni 1998. Seite 27 ff.

Bild: Annelie Meinhardt-Miesen

Rüdiger Jung und Conrad Miesen

TREFFER IM „NEBELSPALTER" *
Rengay i. m. Heinrich Wiedemann

Viel Eis und viel Schnee.
Gefangenschaft in Russland.
Die stillen Wälder –

Noch heute träumt er manchmal
von Stacheldrahtzäunen

Augen auf, Heinrich:
rund um Dich der Plenter Wald –
und du der Förster!

Wie schwer   nur wachsen lassen
dann plötzlich Rehe
vor der Flinte

Lieber landest Du einen
Treffer im „Nebelspalter"

oder sammelst
aus den verlorenen Nächten
kostbares Strandgut.

RJ: 1, 3, 5 / CM: 2, 4, 6

*Anmerkung: Zeitschrift, in der Heinrich Wiedemann Aphorismen ver-
öffentlicht hat.

Rüdiger Jung und Conrad Miesen

VÖGEL MIT ZAUBERFLÜGELN
Rengay i. m. Ingrid Gretenkort-Singert

Am Telefon
in den späten Jahren
ihre Kindheit in Pommern

Weltkriegsjahre, Schulbesuch
und ein Tornister aus Pappe

Vorweggenommen
Kartons aus denen später
Buchperlen werden

für Vögel
mit Zauberflügeln, welche
uns pfeilschnell verbinden

Wie schön das Vergängliche
wie vergänglich das Schöne

und wenn bisweilen
Haiku sich verstecken
dann greift Ingrid zum Pinsel

RJ: 1, 3, 5 / CM: 2, 4, 6

Anmerkung

Das Rengay wurde Ingrid Gretenkort gewidmet, deren Todestag sich am 18. Juni 2025 das zehnte Mal jährt.

Diese Malerin, Grafikerin und Autorin lebte von 1927 bis 2015. Sie studierte an Werkkunstschulen in Flensburg und Kiel, ab 1947 an der

Akademie der Bildenden Künste in Stuttgart, war 13 Jahre lang als Kunst-erzieherin tätig.

Gründungsmitglied der DHG im Januar 1988 in Vechta; später von der damaligen Vorsitzenden Margret Buerschaper als Renga-Meisterin ausge-bildet.

Einzel- und Gruppenausstellungen, Herausgabe von Katalogen. Zahl-reiche Veröffentlichungen im Bereich Lyrik, Prosa und Grafik; insbeson-dere auch Kurzgedichte und Partnergedichte nach japanischem Vorbild.

Diese Partner- und Kettengedichte gab sie im Graphikum- und Hal-ben-Bogen-Verlag sowie im Papenberg-Verlag heraus, wirkte aber auch selbst als Verlegerin liebevoll gestalteter, bibliophiler Editionen in Kleinstauflagen.

Ein Nachruf zu Ingrid Gretenkort-Singert wurde bereits von Gerd Börner, der auch mehrfach ihr Co-Autor war, im SOMMERGRAS, Jahrgang 28, Nr. 110 im September 2015, Seiten 37 ff., herausgebracht.
Moritz Wulf Lange

Moritz Wulf Lange

100 Jahre Haiku (2)
Form und Struktur im deutschsprachigen Haiku
1925–2025

Nur ein Jahr nach Franz Blei veröffentlichte der Dichter Yvan Goll (1891–1950) unter dem Titel „Zwölf Hai-Kais der Liebe" in der Zeitschrift „Die Literarische Welt" am Freitag, den 12. November 1926 seinen ersten Haiku-Zyklus. Es folgte im Jahr darauf ein zweiter, während zwei weitere Zyklen zu Lebzeiten unveröffentlicht blieben. Wer war dieser Dichter, der schon so ungewöhnlich früh Haiku auf Deutsch geschrieben hat?

Goll wurde in Frankreich geboren und bekam später, nach der Wieder-heirat seiner verwitweten Mutter, die deutsche Staatsbürgerschaft. Er studierte Jura, hatte da allerdings schon längst begonnen, an einer Karriere als Dichter und Schriftsteller zu arbeiten. Als Lyriker ist Goll bis heute in Fachkreisen kein Unbekannter – auch wenn sein Name oft durch die Erinnerung an die Goll-Affäre (seine Frau Claire Goll beschuldigte zu Unrecht den bedeutenden Lyriker Paul Celan, aus Werken ihres verstorbenen Mannes abgeschrieben zu haben) überschattet wird. Außer Lyrik schrieb Goll u. a. auch Romane und betätigte sich als Herausgeber; zeitweise gehörte er surrealistischen Kreisen an. Bei Ausbruch des Ersten Weltkriegs emigrierte er in die Schweiz, in den 1920er Jahren lebte er mit seiner Frau in Paris. Vor dem zweiten Weltkrieg floh Goll nach Amerika, kehrte 1947 nach Europa zurück und starb bald darauf in Neuilly. Das Haiku hat Goll, der sowohl im deutschen als auch im französischen Kulturkreis zu Hause war, vermutlich durch französische Zeitschriften kennengelernt.

Im Folgenden werden die Haiku aus Golls erstem Zyklus genauer betrachtet. Formal stehen sie ganz im Zeichen des Stils, den bereits Franz Blei gepflegt hat. Auch Goll verzichtet auf Überschriften und verwendet drei Zeilen. Jeder Vers beginnt mit einer Majuskel, der letzte Vers schließt immer mit einem Satzzeichen ab. Wie bereits im Falle von Bleis Haiku ist auch bei Goll die Verslänge nicht festgelegt. Allerdings zeigt sich hier bezüglich der Verslänge zumindest eine Tendenz. Erstens fällt auf, dass Goll im Durchschnitt mit einer Silbe weniger pro Haiku auskommt als Franz Blei, und das, obwohl seine längsten Haiku Verslängen mit zweistelligen Silbenzahlen aufweisen. Zweitens hat Goll die Hälfte seiner Haiku vergleichsweise kurz komponiert. Während Franz Blei nur bei einem einzigen Haiku unter 20 Silben blieb, kam Goll bei der Hälfte seiner Haiku mit deutlich weniger als 20 Silben pro Haiku aus; tatsächlich kommt er durchschnittlich bei seinen sechs kurzen Haiku auf 17 Silben. Das ist natürlich nur ein rein rechnerischer Wert. Dennoch ist hier eine erste, aber deutliche Tendenz hin zu einer knapperen Form zu erkennen.

Stilistisch ist die Verwurzelung Golls im Surrealismus auch an seinen Haiku nicht spurlos vorübergegangen. Zu einem Stern hinaufsteigen (in „Treffpunkt Orion"), Wind trinken („Totenkopf"), der Mond als Luftballon („Der Mond") und die Bezeichnung des abendlichen Sonnenlichts als „Sonnendotter", der sich zu einem Cocktail verrühren lässt („Den Sonnen-

Dotter …") sind Bilder, die man sich in gemalter Form durchaus in einem Bild von, beispielsweise, Salvador Dalí vorstellen könnte. Wie schon Franz Blei, ist auch Yvan Goll in seinen Haiku von einer bedeutenden zeitgenössischen Kunstrichtung beeinflusst.

Zur Ausarbeitung der Struktur seiner Haiku verwendet Goll vorwiegend eine von drei Techniken. Die erste Technik ist in der japanischen Haiku-Dichtung als *sandan-gire* bekannt und gilt als verpönt; sie entspricht im Deutschen einer Aussage pro Vers. Golls Haiku „Wir arbeiten" und „Der Vogel" sind auf diese Weise aufgebaut. Die zweite und wesentlich öfter verwendete Technik ist der Gebrauch eines Doppelpunkts. Damit wird eine Aussage ergänzt bzw. besonders betont. Dies ist in den Haiku „Die Akazie", „Treffpunkt Orion", „Totenkopf", „Eine Amsel", „Es gab hundert", „Der Mond", „Den Sonnen-Dotter [sic]" und „Fünf Kontinente" der Fall, also bei zwei Dritteln von Golls Haiku. Die dritte Technik verwendet Goll lediglich in seinem Haiku „Aus dem zerbrochenen Krug"; hierbei wird eine normale Satzaussage auf drei Verse verteilt.

Zusammenfassend lässt sich festhalten: Die ersten Haiku von Yvan Goll behalten die Form von drei überschriftlosen Zeilen ohne feste Verslänge und ohne Metrum bei. Die Form ist dabei knapper ausgeprägt und klarer strukturiert als bei Franz Blei. Sprachlich sind Einflüsse des Surrealismus unverkennbar. Die Struktur der Haiku wird besonders durch die Verwendung eines Doppelpunktes betont, der einen deutlichen Einschnitt innerhalb eines Haiku markiert. Neben der Verwendung von Kontrastmotiven behält Goll die Entwicklung von Gedankengängen bei.

Damit ist die erste Stufe der deutschsprachigen Haiku-Dichtung auch schon abgeschlossen. Generell waren die Haiku in drei überschriftlosen Zeilen in freier Länge und freiem Metrum geschrieben, immer wieder unter Verwendung von kontrastierenden Motiven und mit einer Tendenz zur Kürze, dabei gelegentlich Gedankengänge entwickelnd und sprachlich von führenden Kunstrichtungen ihrer Zeit beeinflusst. Die Nazizeit und den Krieg scheint die Haiku-Dichtung im deutschen Sprachraum, zumindest nach dem bisherigen Wissensstand, in einer Art Dornröschenschlaf verbracht zu haben, aus dem sie erst nach Kriegsende wieder aufgewacht ist. Aber das wird Thema der nächsten Folge sein.

Kompakt

Claudia Brefeld

Kompakt vorgestellt

Haben Sie immer schon mal einen Begriff rund ums Haiku gehabt, zu dem Sie gerne etwas mehr erfahren würden? Dann schreiben Sie an die Redaktion oder an post@claudiabrefeld.de

Butsuga ichinyo

Butsuga ichinyo (仏我一如) bedeutet in etwa „Verschmelzung von Subjekt und Objekt". Es gilt als eines der poetischen Ideale und ist laut Bashō ein Zustand, in dem es keine Unterscheidung zwischen Seher und Gesehenem (hier und dort) gibt: Ein Dichter muss selbstlos werden, um mit dem Objekt eins werden zu können.

Der Ausdruck *kōgo kizoku* (awakening to the high and returning to the low) lässt sich mit „zum Hohen erwachen, zum Niedrigen zurückkehren" übersetzen oder – etwas weiter gefasst – auch mit „hohe Erleuchtung erlangen, aber zum Volk zurückkehren". „Zum Hohem erwachen" wird in Verbindung gebracht mit dem buddhistischen Begriff des *mushin* (Nichtdenken), der Verwirklichung geistiger Klarheit und des Soseins und dem Erreichen eines nicht-dualen Bewusstseins (Verschmelzung mit der Natur). „Zum Niedrigen zurückkehren" impliziert eine Ausweitung dieses Erwachens in die Alltagswelt, die zum Ausdruck hoher poetischer Wahrheiten in der Volkssprache führt. Zusammengenommen spiegelt der Begriff *kōgo kizoku* poetische Ideale der Bashō-Schule wider wie zum Beispiel

fūga no makoto (Wahrheit der poetischen Kunst),

zōka zuijun (dem Schöpferischen folgen),

fueki ryūkō (das Unveränderliche und das sich Verändernde),

und eben auch

butsuga ichinyo (die Verschmelzung von Subjekt und Objekt).
Bashō lehrt, dass das Objekt und das Selbst eins sind (*butsuga ichinyo*) und untermauert es mit der Überlegung: Die Zeit ist auch nicht in einzelne Elemente aufgeteilt, sondern alle Zeit ist eins.

„Bashō argumentiert, dass der Dichter beim Verfassen von Gedichten selbstlos sein muss – ein Zustand, der im ‚Folgen des Schöpferischen' enthalten ist –, um in das Objekt einzudringen und sein Wesen zu erfassen. Andernfalls werden sich der Geist des Dichters und der des Objekts nicht vereinen, und das Ergebnis wird verbale Kunstfertigkeit sein.

Als der Meister sagte: ‚Was die Kiefer betrifft, so lerne von der Kiefer; was den Bambus betrifft, so lerne vom Bambus', meinte er damit, dass man persönliche Wünsche oder Absichten beiseitelassen sollte. Diejenigen, die dieses ‚Lernen' auf ihre eigene Weise interpretieren, lernen am Ende nie. Das Wort ‚lernen' bedeutet hier, in das Objekt einzutreten, von der Essenz, die aus diesem Objekt hervorgeht, emotional bewegt zu werden. Wenn die Emotion nicht auf natürliche Weise aus dem Objekt hervorgeht, werden das Objekt und das Selbst getrennt, und diese Emotion wird keine poetische Wahrheit (*makoto*) erreichen." (in: Early Modern Japanese Literature)

Der Dichter muss sein persönliches, auf sich selbst gerichtetes Verlangen ablegen und in das Objekt eindringen, um dessen subtile Essenz oder *mono-no bi* (verborgene und empfindliche Natur oder Eigenschaften eines Objekts) hervorzuholen.

Dieses „Selbst" (*ga*) in *butsuga ichinyo* ist nicht mit unserer modernen Vorstellung vom „Selbst" gleichzusetzen, es ist vielmehr ein selbstloser Zustand frei von persönlichem Begehren. Und nur ein solches selbstloses „Selbst" – eines, das „dem Schöpferischen folgt" – kann in das Objekt eintreten.

Wie erfolgreich ein Haiku dieses „Objekt und Selbst als eins" erreichen kann – ohne, dass es einer Erläuterung bedarf –, zeigt folgendes Haiku von Yosa Buson (1716 – 1784):

白露や茨の刺にひとつづゝ

shira-tsuyu ya
ibara no hari ni
hitotsu zutsu

glistening dew —	glitzernder Tau —
on the briar's thorns	auf den Dornen des Dornbusches
each a single drop	jeweils ein einzelner Tropfen

Tr. Geoffrey Wilkinson

Quellennachweise:

1. Haruo Shirane (1998): Traces of Dreams: Landscape, Cultural Memory, and the Poetry of Bashō. Stanford University Press, Stanford. 381 Seiten. ISBN 0-804730-99-7, 978-0-804730-99-0

2. Dennis G. Hargiss (2000): Awakening to the High/Returning to the Low: The Pilgrim's Ideal in Bashō's *Oku no Hosomichi*. The Eastern Buddhist XXXIII: S. 130–156

3. Haruo Shirane (2008): Early Modern Japanese Literature. An Anthology, 1600–1900. Columbia University Press, New York. 550 Seiten. ISBN 978-0-231109-90-1

4. Juhani Ihanus (2022): Therapeutic Poems for Advancing Coping, Empathy and Cultural Well-Being. Creative Arts Educ Ther 8 (1): S. 18–31

5. Geoffrey Wilkinson: The poet vanishes: haiku by Chiyo, Bashō, and Buson.
    https://haikupresence.org/wp-content/uploads/2020/11/The-poet-vanishes.pdf (20.04.2025)

Auswahlen

Die Haiku- und Tanka-Auswahl Juni 2025

Es wurden insgesamt 269 Haiku von 95 Autoren/Autorinnen und 56 Tanka von 25 Autoren/Autorinnen für diese Auswahl eingereicht. Einsendeschluss war der 15. April 2025. Diese Texte wurden vor Beginn der Auswahl anonymisiert.

Die Wertung der aktuellen Auswahl der HTA wurde koordiniert von Peter Rudolf.

Der Einsendeschluss für die nächste Haiku-/Tanka-Auswahl ist der 15. Juli 2025.

Bitte **alle Haiku/Tanka unbedingt gesammelt in einem Vorgang** in das Online-Formular auf der DHG-Webseite HALLO HAIKU **selbs**t eintragen: https://haiku.de/haiku-und-tanka-auswahl-einreichen/
Ansonsten per Mail an: auswahlen@sommergras.de

Jeder Teilnehmer kann bis zu **sechs** Texte – **drei** Haiku und **drei** Tanka – einreichen. Eingereicht werden können **nur bisher unveröffentlichte Texte** (gilt auch für Veröffentlichungen in Blogs, Foren, **inklusive die Foren auf HALLO HAIKU**, sozialen Medien und Werkstätten etc.).

Bitte keine Simultan-Einsendungen.
Bitte denselben Text nicht wiederholt einreichen.

Jedes Mitglied der DHG hat die Möglichkeit, eine Einsendung zu benennen, die bei Nichtberücksichtigung durch die Jury auf einer eigenen Mitgliederseite veröffentlicht werden soll.

Mit der Einsendung gibt der Autor/die Autorin das Einverständnis für eine mögliche Veröffentlichung in der DHG-Haiku-Agenda.

Haiku-Auswahl

Die Jury bestand aus Ruth Karoline Mieger, Sonja Raab und Sebastian Salie. Die Mitglieder der Auswahlgruppe reichten keine eigenen Texte ein.

Alle ausgewählten Texte – 42 Haiku von 34 Autoren – werden in alphabetischer Reihenfolge der Autorennamen veröffentlicht. Es werden max. zwei Haiku pro Autor aufgenommen.

„Ein Haiku, das mich besonders anspricht" – unter diesem Motto besteht für jedes Jurymitglied die Möglichkeit, bis zu drei Texte auszusuchen (noch anonymisiert), hier vorzustellen und zu kommentieren.

Ein Haiku, das mich besonders anspricht

der Teich
in deinen Augen
das weite Meer

Hubert Heizmann

Die naheliegendste Deutung dieses Haiku ist mir erst aufgefallen, als ich es bereits bewertet hatte. Der Überraschungsmoment kam also mit einer gewaltigen Verspätung bei mir an. Während ich es zuerst in einem romantischen Sinne verstand – der Blick, der vom Teich zu den Augen des Gegenübers führt, in denen dann das weite Meer entdeckt wird –, trat der Begriff „Heimat" erst im letzten Moment in mein Gedankenfeld. Dieser Teich ist in den Augen des Gegenübers alles. Kindheit, Glück, Heimat, zu Hause. Andere suchen ihr Glück in der Ferne, aber hier ist der Teich das weite Meer. Wie auch immer man diese wenigen Silben versteht, von Trauer über Sehnsucht, Liebe bis hin zu Heimatverbundenheit ist hier alles vertreten. Eine Welt tut sich auf an diesem Teich. Dieser Reichtum an Deutungsmöglichkeiten fasziniert mich. Und doch ist es konkret, wenn man einmal den Blickwinkel gefunden hat. Ich werde noch eine Weile um diesen Teich spazieren.

Ausgesucht und kommentiert von Sonja Raab

ein Wort
fällt zum ersten Mal
von dir zu mir

Sandra Hilbert

Ein Haiku, das mich beim ersten Lesen bereits in seinen Bann zog. Die Autorin/der Autor benennt das eine Wort nicht. Gerade dadurch löst es eine Fülle von Gedanken aus. Ist dieses eine Wort positiv oder negativ besetzt?

Worte können begrüßen, streicheln, ermutigen, trösten. Sie können aber auch abwerten, beleidigen, beschämen und verletzen. „Von dir zu mir" lässt auf eine Beziehung schließen. Welcher Art ist diese Beziehung? Handelt es sich um eine neue, sich entwickelnde Liebesbeziehung? Um eine alte Freundschaft? Eine langjährige Ehe? Einen vertrauten kollegialen Kontakt?

Vermutlich führt das eine Wort, das zum ersten Mal fällt, eine Wende in der Beziehung herbei. Offen bleibt, ob eine Bindung vertieft, gefestigt oder zerschnitten wird.

Diese vielfältigen Assoziationen münden in eine Erinnerung. An ein Gespräch, das vielleicht nachhaltig das Leben verändert hat. Ein glücklicher oder schmerzhafter Moment?

Mit einfachen Worten weist dieses beeindruckende Haiku auf die Bedeutung der Sprache beim Zusammenleben hin. Darauf wie machtvoll ein Wort sein kann. Ein Haiku zum Nachspüren und -denken.

Ausgesucht und kommentiert von Ruth Caroline Mieger

die bäume so grün
mein akku
so rot

Kamil Plich

Das Grün der Bäume berührt, das Erwachen der Natur nach dem Winter belebt unsere Lebensgeister, wir möchten die Freude darüber vielleicht mit aller Welt teilen, in den sozialen Medien Bilder davon posten, um andere an der Freude teilhaben zu lassen. Kaum noch Akku am Handy – vielleicht ein Zeichen dafür, doch im Hier und Jetzt zu verweilen, das Grün ganz bewusst wahrzunehmen, anstatt den Moment im Internet zu teilen und ihm den Zauber zu nehmen. Wie sehr lenken uns die digitalen Welten ab, von der Realität? Rauben wir dem Wunder etwas, wenn wir es nicht in unser Herz, sondern in die digitale Welt ziehen? Eines meiner Lieblings-Haiku in diesem Wettbewerb.

Ausgesucht und kommentiert von Sonja Raab

Mäandernder Fluss
Doch in der Spiegelung bleibt
Der Himmel ganz still

Elke Redeleit

Ein in Mäandern verlaufender Fluss durchquert die Landschaft in einer Abfolge von Flussschlingen. Dabei verändert er mit der Zeit seine Umgebung, indem er durch Erosion an der Außenseite seiner Kurven und Sedimentation an ihrer Innenseite immer weiter ausgreift. Schließlich kommt es an den Schlingenenden zu Durchbrüchen. Dann bilden sich zunächst Altarme, und schlussendlich verlanden Mäander. In der ersten Zeile dieses Haiku fließt also nicht nur etwas vorbei – es gibt eine weitere, das Land betreffende Bewegung in der Szenerie.

Die ist jedoch für uns, die am Ufer stehenden Betrachtenden, wegen ihrer Langsamkeit nicht so offensichtlich erkennbar wie das Vorüberziehen des Wassers, das, wie wir ab Zeile zwei erfahren, gleichzeitig den Himmel spiegelt, der in seiner Erscheinung „ganz still" bleibt und somit zunächst einen weiteren Kontrast darstellt. Doch selbst wenn wir von wolkenlosen Wetterverhältnissen oder momentaner Windstille ausgehen, reichten wenige Stunden des Verweilens aus, um festzustellen, dass dieser „in der Spiegelung" erblickte himmlische Stillstand eine Illusion ist. Allein schon der tageszeitliche Wechsel der Lichtverhältnisse machte uns klar, dass auch über uns in einem fort Veränderung herrscht, wie auch am Ufer und letztlich unter unseren Füßen oder in uns selbst.

Die dem Haiku innewohnende universelle Dynamik wird durch das durchgehende daktylische Metrum unterstützt, das für einen lebendigen Lesefluss sorgt, wobei das Fehlen des Auftakts in Zeile zwei die beiden Bilder sauber voneinander trennt und dem „Doch" eine gewisse Betonung verleiht. Ebenso angenehm ist die gegensätzliche Gestaltung der Zeilen eins und drei: Einmal wird die wahrgenommene Eigenschaft dem Objekt vorangestellt und einmal folgt sie ihm. Dies unterstützt den Gegensatz zwischen Fluss und Himmel, Bewegung und Ruhe. Die beide verbindende Spiegelung steht geschickt in der Mitte.

Diesen Eindruck von Stillstand – so sehr er uns zum Innehalten bewegen mag – schaffen wir uns also kraft unserer Wahrnehmung selbst. Gott sei Dank, ließe sich sagen, schließlich ist das ewige Hin und Her auf Dauer anstrengend und wir brauchen gelegentlich Pausen, damit es danach weitergeht.

Ausgesucht und kommentiert von Sebastian Salie

frag mich nicht – ruhig fließt das Wasser weiter

Angela Schmitt

Vielleicht steht eine Entscheidung an, zu der man sich nicht durchringen kann, vielleicht möchte eine komplizierte Angelegenheit noch einmal durchdacht werden. Oft hilft es, sich in die Natur zu setzen, dem Fluss oder einem Bach zu lauschen. Die Natur gibt Antworten. So, wie dieser Einzeiler dahinfließt, nimmt auch das Wasser die Gedanken mit. Manchmal wild sprudelnd und reißend, hier ganz ruhig. „frag mich nicht" – vielleicht möchte man sich dem Thema nicht stellen. Möge es einfach vorbeiziehen. Das Wasser fließt auch morgen noch. Oder ist es ein Wasserhahn und die Frage wird in einer Küche gestellt? Jemand verharrt vor dem laufenden Wasser und schiebt damit die Antwort hinaus? Auf jeden Fall nimmt das Wasser die Gedanken mit. Wasser beruhigt, Wasser klärt, Wasser bereinigt. Ein Moment, der erst dann verfliegt, wenn der Wasserhahn abgedreht wird, oder man sich vom Bachlauf abwendet und wieder zurückkehrt in die andere Wirklichkeit.

Ausgesucht und kommentiert von Sonja Raab

Die Auswahl

Die Wiesenweihe
streicht über das Schilf streicht
der Wind

Regine Beckmann

Rosenkranz –
der dornige Weg
ihrer Finger …

Daniel Behrens

Haltestelle –
zerrissen auf der Bank
Glückslose

Marcus Blunck

Memoiren
ich werde das
was ich schreibe

Frank Dietrich

den abgelaufenen Kaffee
mit Quellwasser aufbrühn
Bergmorgen

Bernadette Duncan

abschied
ich erkenne dein gesicht
in den wolken

Hans Egerer

Barock-Kirche.
Aus dem zugemauerten Himmel
lugt ein Engel.

Volker Friebel

alte Hände
mit dem Piano
per du

Claus Hansson

Vorfrühling
Tulpen säumen den Weg zur
Supermarktkasse

Sylvia Hartmann

Temperatursturz
dein Duft
ein anderer

Birgit Heid

von Taufe bis Beileid …
der Kartenständer hört nicht auf
sich zu drehn

Bernadette Duncan

zwischen
den kondensstreifen
die ersten wildgänse

Hans Egerer

heimgekehrt
all die zerschossenen
träume

Alexander Groth

nach dem Unfall
die Knochen neu geordnet
und das Leben

Sylvia Hartmann

den kinderwagen
über den friedhof schieben –
mit der gießkanne

Bernhard Haupeltshofer

der Teich
in deinen Augen
das weite Meer

Hubert Heizmann

Heimweg –
meinem langen Schatten
auf den Fersen

Hubert Heizmann

nach dem Begräbnis –
Großmutters Lieblingskuchen
schmeckt heute anders

Kerstin Hirsch

Ende des Sommers –
in der schwarzen Filmdose
Asche von Papa.

Moritz Wulf Lange

Der Bienenschwärmer
sucht den Nektar des Frühlings
am Holz im Kamin

Inga Lapsch

Apfelblüte
wieder weiße
Schuhe tragen

Eleonore Nickolay

Fuß-OP
meine Geduld
geht an Krücken

Heike Pfingsten-Kleefeld

ein Wort
fällt zum ersten Mal
von dir zu mir

Sandra Hilbert

Aschermittwoch
Und wieder trägt sie
ihre Maske

Deborah Karl-Brandt

Zoobesuch –
ein Junge beobachtet
Ameisen.

Moritz Wulf Lange

duft des waldes
für immer gespeichert
im hintergrundbild

Georg Leng

Pendlerzug
die vertrauten Gesichter
der Fremden

Eleonore Nickolay

die bäume so grün
mein akku
so rot

Kamil Plich

Mäandernder Fluss
Doch in der Spiegelung bleibt
Der Himmel ganz still

Elke Redeleit

der Nachbar trägt
das Leben von gestern
in zwei Plastiktaschen

Renate Maria Riehemann

geschützte Arten
die Freude des Mädchens
am selbstgepflückten Strauß

Wolfgang Rödig

Ich lasse los.
Der Pfeil findet
meine Mitte.

Pia Schilberg

Frühlingsmorgen –
warten auf ein Wort
das seine Flügel spannt

Angelica Seithe

jurapfade –
die vielfalt der sprachen
im baumhabitat

Helga Stania

Alter Bienenkorb
fährt auf der Holzkarre
den Blüten hinterher

Bernd Reklies

nach der OP
im Gesicht des Arztes
meine Zukunft

Renate Maria Riehemann

strandgutsuche
am spülsaum zwischen
wachen und traum

Tim Scharnweber

Frühlingsanfang
in meinem Anorak
drei Kastanien

Marie-Luise Schulze Frenking

Fastenzeit
Geschmacksnerven
gehen auf die Jagd

Sulamith Sommerfeld

ufer unserer zivilisation ...
wir erhöhen
die deiche

Helga Stania

jenseits der Hecke
Nachbarn, die wir nie kannten
verkaufen ihr Haus
  Jan Weck

frag mich nicht – ruhig fließt das Wasser weiter
  Angela Schmitt

Die Jury stellt sich vor

Sebastian Salie

Geboren wurde ich 1974 in Lüneburg, und aufgewachsen bin ich in der dazugehörigen Heide, wo ich nun, nach Jahren an der Küste und in den Bergen, wieder lebe – zusammen mit meiner lieben Gattin, drei fantastischen Töchtern sowie Hühnern, Hund und Katzen.

Seit Kindertagen liegen meine Interessen eher in kulturellen und sprachlichen Bereichen als in solchen, wo Berechnungen im Mittelpunkt stehen. So nimmt es nicht wunder, dass ich zu einem Lehrer für Deutsch, Geschichte und Politik-Wirtschaft geworden bin und die Sprache sowohl als Werk- als auch als Spielzeug zu schätzen gelernt habe.

Neben beruflich bedingter Schreiberei texte ich deshalb hier und da mal ein bisschen journalistisch und literarisch auf kleiner Flamme herum. In diesem Zusammenhang stieß ich unweigerlich auf das Haiku, das mich in seinen Bann zog und, nun ja: Seit 2018 bin ich in der DHG. Veröffentlichungen in diesem Bereich fanden bisher in Publikationen dieser Gesellschaft, in Anthologien und im Internet statt.

Findling
auf dem Weg durch die Heide
fest Händchenhalten

Sonja Raab

Ich bin 1975 im niederösterreichischen Ybbstal geboren und aufgewachsen, seit 2007 verheiratet und durfte drei Kinder in die Welt bringen. Beruflich bin ich mit einem kleinen Kunsthandwerksgewerbe selbstständig, ich stelle in meiner Werkstatt traditionelle Klosterarbeiten und hochwertige, filigrane Drahtkunst her. Mit 18 Jahren hatte ich um die 60 Brieffreundschaften in der ganzen Welt, und meine Schreibsucht war bereits voll ausgeprägt. Seit 1997 beschäftige ich mich mit Haiku und habe verschiedenste Haiku-Foren „abgegrast", bei „Haiga im Focus" von Claudia Brefeld nehme ich heute noch regelmäßig teil. Als Kolumnistin und Autorin durfte ich 16 Jahre lang für verschiedene Zeitschriften schreiben, habe Texte in Kalendern und Zeitungen veröffentlicht und auch mehrere Bücher geschrieben. Bis vor etwa drei Jahren war ich Teil der Administration der Facebook-Gruppen „haiku-like" und „Haiku-Bühne", war immer wieder Jurymitglied für die Haiku- und Tanka-Auswahlen der Deutschen Haiku-Gesellschaft und sammle meine Silben mittlerweile fast nur noch in einem kleinen, handgeschriebenen Büchlein.

> die melodie
> auf meinem lungenflügel
> du weinst

Ruth Karoline Mieger

Ein kühler Frühlingstag 2009. Die Kursleiterin schickte uns in den Garten mit der Aufgabe, Eindrücke zu sammeln, um danach ein Haiku zu schreiben. Diese erste Begegnung mit dem Haiku blieb blass. Jahre später las ich in einem Buch von Lutz von Werder über das Haiku. Seither beschäftige ich mich mit dem Haiku. Übertragungen/Übersetzungen japanischer Haiku sowie Haiku deutschsprachiger Dichter*innen wurden zu meiner täglichen Lektüre.

Ich begann zu schreiben. Doch meine Kurzgedichte entwickelten sich erst allmählich zum Haiku.

Mein Haiku-Weg führte mich in die Wiesbadener Haiku-Gruppe; von dort 2013 in die Deutsche Haiku-Gesellschaft. Weil ich den Austausch mit Gleichgesinnten schätze, organisiere ich seit 2016 Haiku-Workshops in Wiesbaden.

Bei Spaziergängen in der Natur, auf dem Markt, beim Arzt, ja fast überall im täglichen Leben gibt es Eindrücke, die in das Haiku einfließen können. Haiku, die Raum für Interpretationen lassen, Haiku mit Humor oder Überraschungseffekt sprechen mich an. Manchmal spüre ich einen feinen Faden der Verbundenheit mit Haiku-Dichter*innen. Wenn mich Haiku mit einfachen Worten in tiefere Schichten führen.

auf der Friedhofsmauer
erste Pusteblumen
schweben himmelwärts

Da die Jury sich aus wechselnden Teilnehmern zusammensetzen soll, möchte die Redaktion an dieser Stelle ganz herzlich alle interessierten DHG-Mitglieder einladen, als Jurymitglied bei kommenden Auswahl-Runden mitzuwirken. Die nächste Auswahl (HTA-150) wird koordiniert werden von Eleonore Nickolay.

Tanka-Auswahl der HTA

Die Auswahl wurde von Claudia Brefeld, Horst-Oliver Buchholz und Sylvia Hartmann vorgenommen. Sie wählten 5 Tanka von 4 Autoren und Autorinnen aus. Es werden max. zwei Tanka pro Autor aufgenommen.
„Ein Tanka, das mich besonders anspricht" – hier wird ein Tanka besprochen.

Ein Tanka, das mich besonders anspricht

> gefällt
> der alte Kirschbaum –
> versonnen
> tastet Großvater
> über Jahresringe
>
> **Friedrich Winzer**

In Kindheit und Jugend schien mir jedes Jahr eine Ewigkeit zu dauern. Inzwischen fliegen die Jahre nur so dahin. Das erschreckt mich. Was ist geblieben von der erlebten Zeit? Bei einem Baum schlägt sich jedes Jahr in Gestalt eines Jahresringes nieder. Und bei uns Menschen? Bin ich durch Erlebtes reifer, gefestigter, weiser geworden? Hin und wieder vielleicht, aber oft genug tappe ich auch wieder in die Fallen von Gedankenlosigkeit und Oberflächlichkeit. Zweierlei – das Staunen über die Schnelllebigkeit der Zeit, aber auch über die Festigkeit des Baumes, kommt für mich in dem versonnenen Abtasten des Baumes durch den Großvater im Tanka zum Ausdruck – ebenso wie die Erinnerung an die Begrenztheit unseres Lebens. Denn an einen Baum, der im Lauf der Jahre morsch geworden ist, wird die Axt angelegt, wie es bei diesem alten Kirschbaum geschehen ist. Vielleicht hat der Blick auf den Baum den Großvater über viele Jahre hin begleitet. Jetzt ist der Baum gefällt worden – und dem Großvater auf dem Weg alles Irdischen vorangegangen. Auch wenn die Grenzen unseres

menschlichen Lebens immer weiter hinausgeschoben werden – irgend-
wann kommt das Ende. Ein leises und damit dem Thema „Vergänglich-
keit" angemessenes Tanka!

Ausgesucht und kommentiert von Sylvia Hartmann

Die Auswahl

in der Müll-Ausstellung
eine geklebte Teeschale
aus Japan
ich denke an meine
unverbrüchliche Liebe

Birgit Heid

frühlings-
-rundgesang ...
ich blicke
zum himmel im osten
der krieg

Helga Stania

Sommerhitze ...
aus offenen Fenstern
Gezeter
und das Klagen
einer Klarinette

Friedrich Winzer

auf dem Bahnsteig
unseres Dorfes
geht die Sonne auf
im Gesicht des Fremden
den ich grüße

Marie-Luise Schulze Frenking

gefällt
der alte Kirschbaum –
versonnen
tastet Großvater
über Jahresringe

Friedrich Winzer

Sonderbeitrag von Brigitte ten Brink

Brigitte ten Brink hat aus allen anonymisierten Einsendungen ein Haiku ausgesucht, das sie besonders anspricht.

> schweigen
> die worte verloren
> auf dem weg
>
> **Tim Scharnweber**

Beim Lesen dieses Haiku trat mir ganz spontan das Bild eines Ehepaares vor Augen, welches viele, viele Jahre gemeinsam verbracht hat. Jeder kennt das Leben des anderen so gut wie sein eigenes, ein langer Weg wurde gemeinsam zurückgelegt. Dabei haben sich die Worte, die früher noch füreinander gefunden und auch empfunden wurden, im Laufe dieser Zeit peu à peu verabschiedet. Alles war so selbstverständlich geworden, dass nichts mehr gesagt werden musste. Ein schleichender Prozess bis hin zum Schweigen, weil es im Laufe der Zeit immer weniger eigenes und damit unterschiedlich Erlebtes zu berichten gab.

Mein nächster Gedanke aber war: So ausschließlich sollte dieses Haiku nicht gelesen werden. Es kann im Prinzip auf jede Beziehung zutreffen, in der sich die Partner auseinandergelebt und sich deshalb nichts mehr zu sagen haben und dies nicht nur bezogen auf Lebenspartnerschaften, sondern auch auf Freundschaften und nicht unbedingt nur auf langjährige. Auch in jungen und jüngeren Jahren kann es geschehen, dass man sich, nach einiger gemeinsam verbrachter Zeit, nicht mehr wirklich etwas zu sagen hat.

Es ist ein allgemeines Phänomen, welches dieses Haiku beschreibt. Es mag zwar in einer bestimmten Situation entstanden sein, erzählt aber über etwas, das sich immer wieder in den verschiedensten Beziehungen ereignen kann.

Was mich jedoch im Grunde an diesem Haiku so berührt, ist das Bedauern über den Verlust, welches in den wenigen Worten bzw. Silben, die es benötigt, mitschwingt. Die Worte sind auf dem Weg verlorengegangen, einfach so, fast beiläufig, ohne dass es bemerkt, ohne dass es rechtzeitig und auch bewusst wahrgenommen wurde. Es ist einfach geschehen. Welche Konsequenzen könnten nun aus dieser Erkenntnis gezogen werden? Sie können die Trennung bedeuten oder aber im Verharren, im sich Arrangieren münden.

Um zu dem am Anfang erwähnten Ehepaar zurückzukehren, denke ich, es wird sich in dem Schweigen einrichten. Man kann sich auch ohne Worte verstehen und, wenn auch mit einer gewissen Wehmut, an Zeiten erinnern, in denen es anders war, und von diesem Wissen zehren.

Haiga: Georges Hartmann

Mitgliederseite

Jedes Mitglied der DHG hat die Möglichkeit, eine Einsendung zu benennen, die bei Nichtberücksichtigung durch die Jury der Haiku- und Tanka-Auswahl auf dieser Mitgliederseite veröffentlicht werden soll.

Schwarze Erde
mit schmerzenden Knien
Zwiebeln stecken

Regine Beckmann

Schlammige Senke –
eine Brücke aus Ästen,
von Kindern gebaut.

Thomas Berger

Neuschnee, Lichtsterne
unter Taubenflügel getarnt
die Einsamkeit

Verona Costache

Fix Hallelujah
flucht der Nachbar
Rosen stutzend

Michael Deisenrieder

berghinauf
der alte seufzt
im korb äpfel duften

Gregor Graf

Vogellieder
verkantete Welt
kommt nicht vor

Martin Berner

Still fällt frischer Schnee
kein Vogel zwitschert leise
Ihr Lachen im Ohr.

Olaf Bernhard

in meinem Gartenbaum gelandet
der erste Ton
dieses Blauhähers

Maya Daneva

Wolkenbruch
im Park weint
ein Steinlöwe

Kirsten Döbler

Regentropfenperle
winzig auf meiner Schulter
Wir sind Freunde

Claus-Detlef Großmann

pausenhof
niemand will
krieg spielen

Alexander Groth

Millionen Blüten
der Mai fälscht
einen Monet

Gabriele Hartmann

Wildbach –
im Kehrwasser
Herbstlaub

Hubert Heizmann

wieder auf dem Weg
grüße ihn froh
den alten Nussbaum

Angelika Holweger

landpartie
das blau des himmels
ungetrübt

Georg Leng

abend im winter
des schilfes seidenfäden
im hauch der sonne

Johann Reichsthaler

Beim Dekantieren
das tiefe Rot meines Weins
es ändert sich nicht

Wolfgang Gründer

immergrün im winter –
doch jetzt, im lenz, wünschst du
das immergelb

Bernhard Haupeltshofer

Sah nicht die Blüten,
in Gedanken verloren –
doch der Fliederduft …

Torsten Hesse

Kein Trauern erlaubt
öffentlich für Doktor Li
Nacht-Schnee auf Rosen.

Saskia Ishikawa-Franke

Prenzlauer Berg jetzt
Kaffeehäuser voll Leben
Frühling allüberall

Pedro Meier

Fontäne im Winter –
im gefrorenen Wasser
ein gefangener Wunsch

Dragan J. Ristić

Neujahrsmorgen.
Kratz-kratz macht der Löffel in
der Kaffeedose.

Michael Rasmus Schernikau

Im Sternenschimmer
stehen flüsternd die Bäume –
erzählen von Dir.

Katja Schröder

Heute Morgen
Beim Erwachen
Dein Lächeln

Monika Seidel

kriegsberichte …
ein fremder schenkt mir
vierblattklee

Helga Stania

Der Frosch regungslos
im Schnabel des Graureihers
ein stilles Gebet

Jennnifer H. Weber

Raben palavern
Mürrisch fallen die Silben
Auf nackten Acker

Peter Weingartner

abstieg
mit almdudler
den underberg runter

Annika Carmen Schmidt

Jahrestag
Kirschblütenschnee
auf dem Grab im Wald

Marie-Luise Schulze Frenking

sonnenauftritt im
blütengarten gärtner vom
duft des glücks betört

Gerhard Stachora

Keine Fernreise
mit der Deutschen Bahn ohne
Sprint mit Gepäck

Angela Hilde Timm

zartgrünes Efeu
hält das Haus zusammen
Farbe der Hoffnung

Johannes Weber

Aprilnachmittag
im Rapsfeld
Kaninchenohren

Stefanie Wichert

Nach der Wahl
alles beim Alten
der Hund hebt das Bein

Roland Wiedenmann

„Japanischer Garten" in Fernwest
als Objekt
ich

Hidetaka Yamasaki

Sand und Blütenblätter
ich atme tief ein

Birgit Heid

die zarte Blüte die süße Frucht – was mir lieber sei

Angela Schmitt

Voller Sehnsucht
nach der Kirschblütenpracht
in meinem Garten.
Doch wenn die Blüten fallen
befällt mich die Traurigkeit.

Christa Wächtler

uralte Eiche
gewachsen aus sich selbst
fern allen Fortschritts

Klaus-Dieter Wirth

Gespannte Stille –
Bis um zehn Uhr eins
der Frühling beginnt

Udo Zielke

Die Auswahl der folgenden Texte ebenso wie alle in dieser Ausgabe abgedruckten Haiga erfolgte durch Horst-Oliver Buchholz, Eleonore Nickolay, Claudia Brefeld und Sylvia Hartmann.
Bei eigenen Einreichungen enthalten sich die Redaktionsmitglieder ihrer Stimme, Meinung und Wertung.
Gerne verstärken wir unsere Jury in jeder Ausgabe um eine wechselnde Gaststimme. Wir laden alle DHG-Mitglieder ein, sich hierzu bei der Redaktion unter redaktion@sommergras.de zu melden!

Bei allen Beiträgen (inklusive Haiga) bitte keine Simultaneinsendungen. Bitte senden Sie je Gattung (Haiga, Haibun, Tan-Renga, etc.) **maximal drei** Beiträge an redaktion@sommergras.de!

Haibun

Birgit Heid

Unterwegs

Der alte Mann telefoniert im Zug mit seiner Bekannten, die seinen Haustürschlüssel in den Briefkasten legen soll. Offenbar versteht sie die Zusammenhänge nicht richtig. Nach drei Wiederholungen sagt ihr der Mann, er sei jetzt selbst durcheinander und könne nicht weitersprechen.

> Schlangenlinien
> auf welcher Reise
> bist du gerade?

Vorbei an grünen Feldern und Wiesen. Menschen kommen und gehen. Wie viele bleiben? Wie viele verstehe ich richtig und kann sie ein Stück weit begleiten?

Demenz
wo liegt der Schlüssel
zum Wir-Gefühl?

Unterwegs denke ich an meine Tochter, der zu antworten ich derzeit nicht
in der Lage bin. Festgefahren in widersprüchlicher Kommunikation. Darf
man sein erwachsenes Kind anschweigen? Signalisieren, dass es unange-
nehm wird?

Herr der Lage
ich ziehe meine Worte
von hinten auf

Mein Zielbahnhof nähert sich. Der alte Mann fährt weiter nach
St. Gallen.

Handynotiz
gut angekommen …
unter dem Blumentopf

Birgit Heid

Ausweglos

Das Wasser über mir wird dichter.

Der Drehschwindel wird heftiger. Ich reiße die Augen auf. Schnelles Luft-
holen aus trockenem Mund. Bunte Glassplitter fliegen vorüber. Atem-
übung. Ruhe. In den Fingerspitzen setzt ein Kribbeln ein, das über den
ganzen Körper wandert und sich zu einem Zittern erweitert. Der Dreh-
schwindel beginnt von vorne. Ich fahre Karussell. Ein bewaffneter Mann
ist hinter mir her. Ich springe ab und renne davon.

Augen auf, heftiges Atmen, Ruhigwerden, Fingerkribbeln, wie ein beginnender Sandsturm. Wieder das rasende Karussell. Kein Entkommen.

Ich kann dabei zusehen, wie sich mein Ich aufspaltet. Es befindet sich in zwei transparenten Räumen, jeweils vor einer Ärztin sitzend. Doch ich weiß nicht mehr, wo mein Selbst ist. Habe ich selbst gerade von meiner Angst gesprochen oder war es nur meine Stimme in dem anderen Raum?

Gehetztes Atmen, Ruheübung, Kribbeln, Zittern, Drehschwindel, Verfolgung

Panik. Endlich schlafe ich ein. Ich werde geweckt durch einen lauten Knall. Noch lebe ich. Das Fingerkribbeln beginnt erneut.

Trockenübung
können Fische
ertrinken?

Volker Friebel

Eine Dichterin in Meersburg

Nach dem Aufstieg zum Fürstenhäusle wenden wir uns um und schauen schwer atmend über Burg und See. Annette von Droste-Hülshoff liebte diesen Blick. Im Jahre 1843 hatte sie das Gebäude und einen zugehörigen Weinberg mit 5.000 Rebstöcken günstig ersteigert. Doch sie starb in der Burg bei der Familie ihrer Schwester Jenny, bevor die Renovierung abgeschlossen werden konnte. Schöner Gedanke, ja Sehnsucht aber war es doch bis zuletzt für sie, Herrin eines eigenen Hauses und Besitzerin eines Weinbergs zu sein. „Dennoch bin ich überglücklich und die Aussicht auf mein künftiges kleines Tusculum macht mir alles leicht" (an Levin

Schückling, 14.12.1843). Bezahlt hat sie es mit dem Honorar für ihr zweites Gedichtbuch …

Wir stehen noch immer am Haus und lauschen dem Nachhall der Dichterin. Mit ihren Gedichten konnte ich nie viel anfangen, sie waren mir zu gut gesetzt, zu wenig selbst lebendig – obwohl sie all ihre überströmenden Gefühle in sie hineinzulegen versuchte. Ganz anders ihre Erzählung ‚Die Judenbuche‘.

Doch im Blick über den See spüre ich ihren Blick, spüre dieses Weitwerden, Stillwerden, Kleinwerden und damit Einswerden, ein Zusammenklingen mit dem See und dem Himmel, das vielleicht jeder hier spürt, trotz der stark befahrenen Straße drunten, und für das Verse und Töne und Farben angemessener sind als jede bloße Beschreibung, damals wie heute. In unserer arm gewordenen Zeit könnte allerdings vom Erlös eines Gedichtbuchs kein einziger der übernommenen Rebstöcke bezahlt werden, geschweige denn das Haus auf dem Hügel.

Vor einigen Jahren standen wir auf dem Meersburger Friedhof am Grab der Droste. Noch früher besuchten wir die Burg. An ihr Sterbezimmer erinnere ich mich nicht. Doch ich erinnere, noch einmal früher, einen Abend und eine Nacht allein an der Burg, in meiner Jugend, nach einem Wandertag, fast 44 Jahre sind es nun her.

Damals standen Lauben direkt an der Mauer, durch einen unscheinbaren Seitenweg erreichbar, eine Wirrnis aus Ranken von Winden und Efeu, wie geworfen über ein Eisengerüst, im Duft, im Summen von Bienen und Fliegen. Hier saß ich, sah über den See und wartete auf die Nacht. Auf einer der harten Bänke wollte ich schlafen. Eine Unterkunft zu bezahlen, konnte ich mir damals nicht einmal vorstellen. In der Nacht leuchtete es einige Male von fernen Gewittern, aber der erwartete Regen blieb aus.

Am Abend Schwalben,
kreisend über der Meersburg,
im Wellenrauschen …

    Do. 21.05.1981, Meersburg

Das schrieb ich damals, habe es aber, zu unscheinbar-korrekt, nicht in meine Haiku-Auswahl aufgenommen, sondern, nach langem Für und Wider, gestrichen. Jetzt aber passt es – gerade nach meiner ähnlichen Kritik an den Versen der Droste.

Wusste ich damals vom Burgfräulein Annette von Droste-Hülshoff, die 140 Jahre zuvor in einer solchen Mainacht vielleicht auch aus dem Fenster über den See gesehen und die Blitze eines Gewitters gezählt hatte? Wenn ja, dann aus dem Deutschunterricht. Goethe und Schiller, die dort ‚drankamen‘, waren mir daraufhin jahrzehntelang vergällt.

Bevor wir die Treppen des Fürstenhäusles wieder zum See hinabsteigen, neige ich mich vor der Dichterin und ihrem Andenken, hat das Burgfräulein aus ihrem kränklichen Leben, Streitfragen der Lyrik hin oder her, doch für sich und die Welt etwas Gutes zu machen gewusst.

Vom Fürstenhäusle
ihr Lied übern See – als Sang
einer Amsel.

Helga Schulz Blank

Auf dem Esslinger Höhenweg

Sonntagmorgen, es ist ruhig. Ein freilaufender kleinerer Mischlingshund kommt mir entgegen. Er schnuppert links und rechts, beachtet mich nicht. Sein Herrchen hört in den Kopfhörer. Ich grüße freundlich, er nickt. Bin nicht sicher, ob er mich sieht. Dann endlich – ich bin alleine, atme aus. Meine Schritte können anfangen die Gedanken zu sortieren. Gehe bedächtig auf dem bequemen Weg. Die Augen schweifen ab, unterbrechen das meditative Gehen. Die Dächer der Stadt bringen mich aus dem Trott. Bleibe an der Stadtkirche mit ihren beiden unterschiedlichen Türmen hängen. Ziehe weiter zur alten Burg mit dem dicken Turm. Die frühe Sonne beleuchtet sie wunderschön, ich bleibe stehen. Die gotische, evangelische

66

Frauenkirche mit ihrem filigranen Turm hält mich dann in Beschlag.

Glockengeläut
der Turm der Frauenkirche
trägt einen Goldreif

Marie-Luise Schulze Frenking

Nachlass

Unsere Enkeltochter verbringt ein Wochenende bei uns. Sie liebt es, sich zu verkleiden. Ich erinnere mich, dass in der hintersten Ecke des Speichers eine große Holzkiste aus der Aussteuer meiner Großmutter steht. Ob da besondere Kleidungsstücke zu finden sind? Wir klappen die Treppe aus und steigen hinauf. Im Sonnenlicht, das durch eine kleine Luke fällt, tanzt der Staub. Ein alter Schaukelstuhl, ein Standspiegel und einige Kartons mit Papieren müssen zur Seite geräumt werden. Da ist die Truhe. Wir öffnen sie und entdecken zwischen Mottenpapier glitzernde Abendkleider, Hüte, Tanzschuhe, eine Federboa. Die Kleine juchzt vor Freude und probiert nacheinander alles an. Sie dreht und wendet sich versunken vor dem Spiegel.

Dachbodenfund
ein Bündel alter Briefe -
nun verstehe ich

Ingrid Meinerts

Zu früh

Da ist es wieder, dieses eigenartige Geräusch. Ein metallisches Schnarren. Einige Sekunden lang, mit einer kurzen Unterbrechung, dann wieder neu ansetzend. Jeden Morgen fast zur gleichen Zeit, etwa eine halbe Stunde lang.
Für eine Bohrmaschine ist es zu kurz und es klingt auch anders.
Und wer bohrt schon jeden Morgen zur gleichen Zeit Löcher in die Wand?
Es könnte auch von der Heizungsanlage kommen, die sich unter dem Dach befindet.
Ich frage den Hausmeister und bekomme die überraschende Antwort, es handle sich um einen Specht, der sich allmorgendlich an der Dachantenne zu schaffen macht.

Jetzt frage ich mich, was bringt einen Specht dazu, jeden Morgen einen Metallstab zu bearbeiten? Findet er dort Insekten? Möchte er eine Spechtin beeindrucken? Oder ist er es einfach leid, immer nur Totholz zu behämmern?
Die Antenne soll jetzt abgebaut werden.

Geschmacksache
der schräge Sound
meines Nachbarn

Kristoffer Schneider

Faszinierend, manchmal etwas schaurig und immer wieder fesselnd.

Hundegebell –
eben noch in Japan
jetzt wieder im Bett

Das Buch zur Seite gelegt: der kleine Ausflug vor dem Schlafen ist vorbei,
bevor das nächste Aufstehen noch schwieriger wird.

Haiga: Gabriele Hartmann

Tan-Renga

Rita Rosen und Brigitte ten Brink

    Frühlingstag am Rhein
    die Schwäne
    paarweise unterwegs

    meine Sehnsucht nach Worten
    einer Dating-App anvertraut

    RR / BtB

Rita Rosen und Brigitte ten Brink

    im Vorübergehen
    ein Duft weckt
    Erinnerungen

    auch damals der Wind
    der alles verwehte

    BtB / RR

Kettengedichte

Es können auch längere und lange Kettendichtungen eingereicht werden, diese werden dann aber nicht mehr im SOMMERGRAS, sondern auf der DHG-Website parallel zur jeweiligen SOMMERGRAS-Ausgabe veröffentlicht. Auf diese Weise wird die gemeinschaftliche Kettendichtung besser gefördert, da es so keine Platzeinschränkungen mehr gibt, die beim SOMMERGRAS ja immer eine Rolle spielen.
Die Kettendichtungen (*renku*) bitte immer mit dem zugrunde liegenden Schema und Anmerkungen einreichen, da es so für die Leser besser nachvollziehbar ist. Wir freuen uns auf Ihre Zusendungen!

Gregor Graf

Siesta

ein Rollladen rattert
in die Stille
des Mittags

über dem Asphalt
flimmert die Luft

die Fensterläden
geschlossen
ein Radio irgendwo

im Vorgarten ein Stuhl
drei Beine noch

die alte Frau
mit Stock
atmet schwer

in den Ritzen
Löwenzahn blüht

aus Träumen erwacht
Goldfische glitzern
tief im Teich

der Schulbus wartet
im Schatten

Haiga: Eleonore Nickolay

Bücher

Sie haben auch eine Neu-Veröffentlichung, die wir hier besprechen könnten? Dann schreiben Sie bitte eine E-Mail an die Redaktion: redaktion@sommergras.de. Dort erhalten Sie die Postadresse, an die Sie ein Rezensionsexemplar schicken können.
Ein Anspruch auf eine Buch-Besprechung besteht nicht.

Hinweis zum Verfassen von Rezensionen/Buchvorstellungen:
Bitte beachten Sie, dass die Angaben zum Buch vollständig gemacht werden. Dazu gehören: Name. Titel. Untertitel (soweit vorhanden). Weitere Details/Besonderheiten zum Buch. Verlag, Ort. Jahreszahl. Seitenzahl. ISBN.
Bitte zitieren Sie **maximal** zehn Prozent der im besprochenen Buch enthaltenen Haiku und achten Sie darauf, ob Autor/Autorin/Verlag das Zitieren genehmigt.

Klaus-Dieter Wirth

„Die Telefonzelle am Ende der Welt" und „Eine Reise in 72 Wörtern"

Laura Imai Messina: Die Telefonzelle am Ende der Welt, btb-Verlag, München. 2021. 348 Seiten. ISBN 978-3-442758-96-8,

Laura Imai Messina. Eine Reise in 72 Wörtern – Der japanische Weg zur Harmonie. 20,5 x 13,5 cm. btb-Verlag, München 2024. 462 Seite. ISBN 978-3-442770-71-7.

Bei den nachfolgend vorgestellten Büchern handelt es sich nicht um unmittelbare Haiku-Titel, sondern um besondere Lektüreempfehlungen, die vertiefende Einblicke in die japanische Kultur und Geisteswelt eröffnen.

Zunächst möchte ich in diesem Zusammenhang noch einmal an den bereits von Petra Lueken im SOMMERGRAS 122 vorgestellten Roman

„Die Kiefern-inseln" der deutschen Autorin Marion Poschmann erinnern (ISBN 978-3-518427-60-6), sodann aber hinweisen auf den nicht minder lesenswerten Roman: „Die Telefonzelle am Ende der Welt" von Laura Imai Messina. Geboren 1981 in Rom, zog die Autorin bereits mit 23 Jahren nach Japan, wo sie seitdem mit ihrem Mann und zwei Kindern lebt und als promovierte Dozentin an verschiedenen Universitäten arbeitet.

Zum Inhalt: Am Hang des Kujirayama (Walfischberg) steht inmitten eines großen Gartens das Telefon des Windes, wo man den Stimmen der Vergangenheit lauschen kann, um mit den Liebsten im Jenseits zu sprechen. Im Klappentext heißt es dann weiter:

> „So kommt eines Tages auch Radiomoderatorin Yui an diesen magischen Ort. Im Tsunami 2011 verlor sie ihre Mutter und ihre kleine Tochter. Yui lernt in dem Garten den Arzt Takeshi kennen; auch er muss ein Trauma verarbeiten. Die beiden nähern sich an, gemeinsam schöpfen sie neuen Mut. Und erlauben sich zum ersten Mal, dem Leben einfach seinen Lauf zu lassen. Ganz gleich, was es für sie vorgesehen hat."

Und die überregionale Londoner Tageszeitung *The Times* rezensierte zusammenfassend: „ Laura Imai Messina tauscht westliche Schnelligkeit und rosagefärbte Liebesszenen gegen bedeutungsvollen Minimalismus: ein Blick, ein Atemzug, eine Handbewegung." Abschließend sei vermerkt, dass bezeichnenderweise das Buch in Italien und Großbritannien wochenlang auf der Bestsellerliste stand und in 25 Länder verkauft wurde.

Schließlich verdient auch die neuste Veröffentlichung derselben Autorin Beachtung: „Eine Reise in 72 Wörtern – Der japanische Weg zur Harmonie"

Dies ist kein Roman, sondern – wie schon der Titel vermuten lässt – ein ganz besonderes Werk, nämlich eine Art Handbuch, außergewöhnlich und sehr aufschlussreich für jeden, der dem wahren Wesen japanischen Denkens und Fühlens nachspüren möchte. Zur Erklärung des inhaltlich-technischen Aufbaus im Einzelnen ist auf der Rückseite des Einbands zu lesen: „Vier Jahreszeiten gibt es auf der Welt (…) und in manchen

Gegenden reduzieren sie sich auch auf zwei, eine Regen- und eine Trockenzeit. Der alte japanische Kalender gliedert die vier Jahreszeiten in 24 sogenannte Perioden, die sich jeweils in drei Teile aufteilen, sodass am Ende 72 verschiedene Zeiten entstehen. Alle fünf Tage beginnt eine neue Jahreszeit und so eine Chance zur Erneuerung: „72 Wörter, 72 spirituelle, philosophische und ganz persönliche Versuche, die Faszination Japans in Worte zu fassen, (…) ".

Das Buch beginnt mit einer 26-seitigen Einleitung zum Zentralbegriff *Wa oder: Japan und die Harmonie*. Daran schließen sich – eingeleitet von einem Haiku – die vier Großkapitel zu den Jahreszeiten mit ihren jeweils 17 Stichwörtern an. Dabei wird immer von dem betreffenden *Kanji*-Zeichen ausgegangen, was wiederum einen tieferen Einblick in bzw. weiteren Ausblick auf die Bedeutungsvielfalt des zur Diskussion stehenden Begriffs liefert, per se wohl schon der einzig wahre Zugang zur japanischen Volksseele. Abgerundet wird das Ganze sodann auf acht Seiten mit Schlussgedanken, einem fünfseitigen Glossar, einer siebenseitigen Bibliografie und dem Stichwortverzeichnis.

Natürlich handelt es sich hier nicht um die übliche Lektüre. Ratsam ist vielmehr, sich jedes Mal nur ein Stichwort vorzunehmen, es absinken zu lassen, es zu verinnerlichen, denn es ist ein ebenso lehrreiches wie individuelles Kompendium, das dem Leser über Japans Geschichte, über seine Kultur und Bräuche hinaus auf eine bisher so noch nicht dargestellte Weise das Geheimnis seiner Menschen für ein harmonisches Leben näher zu bringen vermag.

Traude Veran

Es gibt so vieles,
was man in siebzehn Silben alles sagen kann

Friedrich Lederer: Es gibt so vieles, was man in siebzehn Silben alles sagen kann. Ein heiter-poetischer Brückenschlag zwischen Japan und Deutschland. Haag+Herchen, Hanau. 2024. 115 S. ISBN 978-3-898469-15-9

Das Bändchen ist typografisch freundlich, übersichtlich und gut lesbar gestaltet; viele Bilder, Kalligrafien und Texte in Silbenschrift lockern es auf und erleichtern den Zugang.

Zunächst lässt mich der Titel den Kopf schütteln: Ja, das ist ein Senryu, zeigt aber nur, wohin Festhalten am 5-7-5-Schema führt: z.B. zu überflüssigen Satzteilen, wie hier dem *alles*. Beim Weiterlesen bin ich mir jedoch nicht sicher, ob das nicht vielleicht Absicht war!

Lederer beleuchtet verschiedene Aspekte der japanischen (Haiku-)Dichtung. Dabei bringt er den LeserInnen anhand japanischer Lyrik die Anforderungen dieser Sprache an die Poesie nahe, und das in knapper und klarer Ausdrucksweise – Glücksfall eines Gelehrten, der sein Wissen auch Laien auf gut verständliche Art vermitteln kann! Zwei Beispiele, die der Autor darlegt: 1. Der Reim spielt in Japan wegen der durchgehend auf Vokale endenden Wörter keine Rolle. 2. Homonyme hingegen sind viel zahlreicher als bei uns und bestimmen gewisse literarische Ausdrucksweisen.

Mit jedem Satz zeigt Lederer sein tiefes Verständnis für und enormes Wissen um japanisches Sprechen und Denken, gefiltert durch den Europäer, der in beiden Kulturen zu Hause ist; vom Reisanbau über Alkoholgebräuche bis zur gesellschaftlichen Entwicklung lässt er uns erleben, wie Japan in nicht selten augenzwinkernder Weise von seinem eigenen Land erzählt. Dabei stellt er überraschende Relationen zur Metrik der deutschen Dichtung her und geht dabei über frühere Haiku-Nachdichtungen weit hinaus. Nach der Lektüre dieses Buches sind meine Hemmungen, japanische Haiku in deutschen Strophen nachzudichten, weitgehend verschwunden.

Tanka (wortgenaue Übersetzung)	Nachdichtung Lederer
Ich weiß nicht so recht; *ist's Sehnsucht, Erinnerung?* *Ist es der Kuckuck,* *dessen Ruf herüberfliegt* *über irgendeinen Berg?*	*Ist's Erinnerung aus fernen Tagen,* *die mir meine Sehnsucht schuf?* *Über Berg und Tal getragen* *zu mir, ist's des Kuckucks Ruf?*

Das Prinzip funktioniert auch umgekehrt. Das folgende Beispiel verwendet Lederer übrigens, um eine verblüffende Parallele zwischen der Aussonderung des Haiku aus längeren Sequenzen und manchen deutschen Zitaten aufzuzeigen, bei der nur eine erste Strophe überlebt.

Wilhelm Busch	Lederer
Einen Menschen namens Meier *schubst man vor des Hauses Tor* *und man spricht, betrunken sei er,* *selber kam's ihm nicht so vor.*	*Ich sage von mir,* *dass ich nicht besoffen sei, schon aus* *Gewohnheit.*

Wie an diesem Beispiel deutlich wird, ist es ein Anliegen des Autors, uns den Humor des japanischen Haiku nahezubringen. Dessen Wortwitz und Situationskomik haben nichts vom oft brachialen Ungestüm des Deutschen; sie entsprechen dem heiteren Schmunzeln, nicht dem dröhnenden Lachen. Vergnügte Andeutungen erinnern mich an das Prinzip des *wabi-sabi*, an die philosophische Liebe zur Unvollkommenheit.

Hier ist kein Durchgang!
Aber wir wissen sehr wohl:
Da geht es entlang

Ein immer wieder überraschender Weg durch die japanische Lyrik geht nun zu Ende. „Geduld – Gelassenheit – Genügsamkeit", so heißt das Schlusskapitel. Und gleich führt uns Lederer die Ambiguität des Ausdrucks

Geduld vor, die alle Bedeutung in der Schwebe hält – sowohl im Deutschen als auch und noch mehr im Japanischen.

Er verabschiedet sich mit einer Haiku-Collage:

Ein Tag des Herbstes. (Nach Bashō)
Die Reise meines Herzens (aus einem japanischen Schlager)
Ging nun zu Ende.

Rüdiger Jung

Ein goldener Schatz

Ingo Cesaro: Ein goldener Schatz. Haiku. 3 doppelseitige Holzschnitte: Brigitte Neustäbler (Schweiz), Vergoldung in Bronziertechnik. Papierwerkdruck: 100g/qm, 1,75faches Volumen, Japanblock. Schrift: Gadugi 18/11. Umschlag handgeschöpft in Nepal mit Wolleinschüben. Umschlagdruck: Bleisatz/Buchdruck. Bearbeitung und Durchstichbindung: Gisela Gülpen. 33 Exemplare, nummeriert und signiert. Siegburg: neustäblerverlag. November 2024. ISBN 978-3-982025-54-4.

Ginkgo biloba: oft gehört im Zusammenhang mit Medikamenten, die die Gedächtnisleistung stärken oder erhalten sollen.

Auch ein Stück biologisches Gedächtnis: Die Pflanze Ginkgo biloba (ursprünglich aus dem Fernen Osten) ist ein lebendes Fossil. Den Gymnospermen zugerechnet und mithin verwandt mit unseren Nadelbäumen.

Und Ginkgo biloba meint kulturelles Gedächtnis. Das Zwei-in-eins des Blattes macht es zum Symbol der Liebe – in Johann Wolfgang von Goethes und Marianne von Willemers „West-östlichem Diwan". Ein erschöpfendes Sachbuch zum Thema hat Siegfried Unseld vorgelegt.

Haiku und Holzschnitte greifen das Thema auf:

In der Herbstsonne.
Ginkgo-Blätter golden gelb –
üben das Fliegen. (S. 29)

Anders in der Hand.
Golden gelbes Ginkgo-Blatt –
wirkt so zerbrechlich. (S. 29)

In Ingo Cesaros Haiku ist der Ginkgo – sind spezieller: seine Blätter nicht so sehr Thema oder Motiv, denn vielmehr selbst Gedichte. Denen in einem jeden der Haiku eine besondere Ehrfurcht und Wertschätzung widerfährt:

Ginkgo-Blatt im Buch.
Nach Jahrzehnten gefunden –
zwischen Gedichten. (S. 13)

Ein Ginkgo-Blatt klebt
morgens an Windschutzscheibe.
Entferne es nicht. (S. 15)

Ein farbiges Blatt
vom Ginkgo fand ich gestern –
mitten im Sommer. (S. 23)

Frost pflückt letztes Blatt
vom Ginkgo. Mit dem Besen –
wartet Hausmeister. (S. 23)

Analog zu den Haiku gehen die Holzschnitte ihren eigenen Weg darin, kostbar zu gestalten – was kostbar ist!

Rüdiger Jung

Auf Wellen tanzen

Ingo Cesaro: Auf Wellen tanzen. Haiku. Werkdruckpapier 100g/qm, 1,75f aches Volumen, Japanblock, Schrift 15/11, Umschlag handgeschöpft in Nepal, Wollfäden eingeschöpft. Umschlagdruck: Bleisatz/Buchdruck. Linolschnitte: Wilhelm Schramm. 30 Exemplare, nummeriert und signiert und jeweils mit einer Original-Möwenfeder. FREIPRESSE Bludenz/Austria, Sonnenbergstraße 2 f. November 2024. Bezug in Deutschland: Neue Cranach Presse, Joseph-Haydn-Straße 4, 96317 Kronach.

Was alle Editionen Ingo Cesaros auszeichnet: die jeweils ganz eigne bibliophile Gestalt. Und: ein eingegrenztes Thema, das in einer großen Weite verschiedener Aspekte entfaltet wird. Im vorliegenden Fall: die Möwe. Genauer, sozusagen als pars pro toto: die Möwenfeder. Der Leser dockt an mit den ihm vertrauten Urlaubsimpressionen:

Möwen begrüßen
laut und sich überschlagend –
Fischkutter legt an.   S. 23

Wo die Weite wohnt.
Von Möwenschreien morgens
aus dem Schlaf geweckt.   S. 22

Allein das Wort „Möwe" weckt eine Stimmung, eine Atmosphäre, eine Landschaft, die der Autor in ihrem rauen Charme entfaltet:

Horizont im Dunst.
Möwen überschlagen sich.
Meer wirft Gischt an Land.   S. 11

Der kühle Ostwind
treibt Möwenfedern eilig –
übers Wattenmeer.   S. 20

80

Was „spielerisch leicht" aussieht, ist dem Leben abgetrotzt – mit aller Kraft. Auch seitens der Möwen. Um den Preis ihrer Federn:

So spielerisch leicht.
Schreiende Möwen im Flug –
und Federn fallen.   S. 10

Brigitte ten Brink

Momentaufnahme

Norbert Flemming: MOMENTAUFNAHME. Haibun. Paperback. 60 Seiten. Eigenverlag, Wuppertal 2025. Zu beziehen unter donofle@t-online.de

Mit „Momentaufnahme" hat Norbert Flemming nach „Kontaktaufnahme" und „Nahaufnahme" nun sein drittes Haibun-Buch veröffentlicht. Es schließt sich fugenlos an seine Vorgänger an, in dem es sich zum einen durch die Titelbenennung scheinbar immer näher an Ereignisse heranzoomt, zum anderen auch durch die Covergestaltung. Bei allen drei Büchern wölbt sich ein blauer Wolkenhimmel über einer Landschaft. Seine Haibun sind sowohl Kontaktaufnahmen, in denen der Autor in Beziehung zu Menschen oder Ereignissen tritt, Nahaufnahmen, die diese Begebenheiten aus einer direkten Nähe gesehen aufzeichnen, als auch Momentaufnahmen, die einen Augenblick oder einen Aspekt dieser Begegnungen darstellen.

Mit dem als Ouvertüre bezeichneten Haibun „Im Reisebüro" (S. 4), einer kleinen philosophischen Abhandlung über das Erzählen von Geschichten, startet der Leser seine Reise durch die neun Kapitel umfassende Haibun-Welt des Autors.

Wie bereits in den beiden vorhergehenden Büchern fallen Norbert Flemming beim Schreiben immer wieder Bezüge zur Literatur oder zur Musik ein, welche er mit Zitaten nahtlos in den Text einfließen lässt. Ihre

Herkunft wird jeweils in einer Fußnote am Ende der jeweiligen Seite erläutert. Besonders eindrücklich sind für mich diese (musikalischen) Zitate in dem Kapitel „New Orleans Suite in Blue" (S. 19 ff). New Orleans – die Wiege der Dixie Musik und eine der Wiegen des Blues und des Jazz – für einen Musikkenner und -liebhaber ist es unmöglich, dort nicht auf Schritt und Tritt von Melodien und Texten aus den Klassikern dieses Genres begleitet zu werden. So ist es wunderbar zu lesen, wie in dem Haibun „Burgundy Street Blues" (S. 21) die Balance zwischen aktuellem Erleben, Erinnern und Vergessen, zwischen dem, was gestern war, und dem, was heute ist, ausgelotet wird:

> „Während des Aufenthaltes in New Orleans war unsere Bleibe ein bescheidenes Cottage an der Burgundy Street. Eigentlich eine unauffällige Straße, die aber ins French Quarter, seinen ‚mixed emotions' [1] führt, in fußläufiger Entfernung, wenn auch anstrengend angesichts der Hitze.
> Und endlich: Toulouse Street, Orleans, St. Peter Street, St. Ann Street und Dumaine, ‚yes, beautiful Dumaine. Let's go back again …'[1], nein, auf zur Basin Street, ‚where the dark folks meet, a heaven on earth …'[2]"

[1] aus: Burgundy Street Blues, von George Lewis
[2] aus: Basin Street Blues, von Louis Armstrong

Die in diesen Vierteln entstandene Musik weckt in der Gegenwart Erinnerungen an frühere Zeiten, als Rassendiskriminierung noch tiefer in den Menschen verwurzelt war als heutzutage, die farbige Bevölkerung dies auf bitterste Weise zu spüren bekam und sie nur in „ihren" Vierteln, wie etwa der Basin Street, einigermaßen vor Diskriminierung sicher waren. All dies bringt Norbert Flemming in wenigen eindrücklichen Sätzen zum Ausdruck.

In dem Haibun „Ein Foto" (S. 23) ist dieses Nicht-Vergessen ebenfalls ein Thema, wenn dem Autor beim Sichten der Reisefotos das Foto eines Ausfluges an den Mississippi in die Hände fällt. Beim Anblick eines Baumes, der seine Äste weit über eine Straße streckt, fällt ihm das Lied *Strange fruit* von Abel Meeropol (1937) ein, in dem Billy Holiday von den „*Strange fruit hanging from the poplar trees ... "* singt. Diese „strange fruits" waren die Leichen erhängter Farbiger.

Norbert Flemming ist ein feinsinniger Beobachter, der immer wieder die Besonderheiten in den erlebten Momenten erspürt und diese in seinen Haibun und den Haiku in Worte fasst.

In „Nachspielzeit" (S. 28) zum Beispiel gerät ein Gespräch im Freundeskreis ins Stocken, nachdem von einer Teilnehmerin der Gedanke geäußert wurde, dass es eigentlich unverantwortlich sei, noch Kinder in die heutige Welt zu setzen. Dieses Haibun endet mit dem Haiku

in Zeit und Raum ein
blauer Ball [1] – mit ihm spielen
wir gegen uns

[1] nach: Raumfahrer von Rainer Kunze aus: Wohin der Schlaf sich schlafen legt

13 Silben genügen, um das Dilemma zu verdeutlichen, in dem sich die Welt befindet, nicht nur alleine bedingt durch die Klimakrise.

Das Haibun „Neviges" (2) (S. 38 ff) handelt von einem Besuch des im Stil des Brutalismus erbauten Wallfahrtdom von Neviges. Verursacht dieses monumentale Gebäude beim Eintritt zunächst ein unbehagliches Gefühl im Autor: „Eine düstere riesige Kaverne. ... der Blick ... stößt immer wieder auf Wandflächen, -platten aus nacktem Beton, auf harte kantige Linien. Eine Hülle, die in mir als Kälte, Zurückweisung widerhallt." (S. 38), so kehren sich diese Eindrücke beim Weitergehen ins vollkommene Gegenteil: „Doch dann dieses Licht! „(S. 38) Es fällt durch ein mehrere Meter hohes Mosaikfenster in rötlichen, grünen und blauen Farbtönen in das Innere des Raumes, „ein fast surreales Farbenkonzert". (S. 38), und der Autor findet sich gedanklich als einer von vielen auf einem Pilgerweg wieder, der ihn zu „dieser Felsenhöhle" (S. 39) geführt hat.

Auch in diesem dritten Haibun-Buch Norbert Flemmings bewegen sich die zunächst sachlichen Beschreibungen äußerer Gegebenheiten und Geschehnisse im Laufe ihres Fortschreitens in der Erzählung immer näher in Richtung des persönlichen Empfindens des Autors und enden auch immer wieder in einer kleinen, feinen philosophischen Betrachtung.

„Nur geträumt (1)

Ich ging, besser: stapfte im Feinsand des langen breiten Strandes von Erdeven. Und mit jedem Schritt verwandelten sich Sandkörner in Buchstaben, in Wörter – und mir war, als würden meine Fußsohlen brennen. Fühlt sich so Wahrheit an?

und der Wind löscht
alle Spuren als sei
nichts gewesen" S. 8

Am Ende der Lektüre dieses Buches angekommen, fühlt es sich für mich allerdings nicht so an, „als sei nichts gewesen". Mich haben die Haibun Norbert Flemmings sehr berührt.

Peter Rudolf

das Buch nie genug

Matthias Dieterle: das Buch nie genug. Gedichte. Französische Broschur. Wolfbach Verlag, Zürich/Roßdorf 2016. 80 Seiten, ISBN 978-3-905910-83-4.

Ein Schweizer Vereinsmitglied traf zu Beginn dieses Jahres den Schweizer

Autor Matthias Dieterle. Der unterdessen über achtzigjährige Heilpädagoge hat 1974 begonnen, Gedichte zu veröffentlichen und erhielt dafür in der Schweiz namhafte Preise. Sie hätten sich auch intensiv über Haiku ausgetauscht, und in der Folge schickt das Vereinsmitglied Markus Kirchhofer mir das Buch mit dem Titel „das Buch nie genug" zu.

In seinem ersten Teil, überschrieben mit „das Buch nie genug, zwei Stimmen – ein Haiku", finden sich 57 eigenwillig gebaute Haiku von stets gleichem syntaktischem Aufbau. Sie stehen in drei Kapiteln. In den ersten beiden („dunkle Dinge" und „unerbittlich") stehen je zwölf Texte, im dritten („die Spinne") sind es 33.

Wenden wir uns vorerst dem zweiten Kapitel zu. Jedes der zwölf Haiku dieses zweiten Kapitels beginnt mit:

wozu
Silben
hier

Im Haiku mit der Nummer VIII, Seite 17, ergänzt Dieterle mit:

lese ich
die alten Dichter
an meinem Tisch

Im Buch sieht das dann so aus:

wozu   lese ich
Silben   die alten Dichter
hier   an meinem Tisch

Nummer I, Seite 15, lautet:

wozu   die Frösche
Silben   quaken im Teich dort –
hier   schreib den Lärm auf

Noch typischer scheint mir die Komposition der 17 Silben aus zwei selbst-
ständigen Sätzen, die zusammen ein Haiku ergeben, beim Haiku III des
ersten Kapitels „dunkle Dinge", Seite 9:

Wasser   und wieder
funkelt   der Mond im Geäst
dunkel   Durst kommt auf

Zwei eigenständige Aussagen sind hier zu einem Haiku kombiniert: die
erste Aussage umfasst jeweils das erste Worte jeder Zeile, besteht also aus
nur drei Wörtern. Dahinter folgt eine weitere Aussage; manchmal ist diese,
wie bei diesem Haiku III, für sich schon ein Haiku.

Die erste Aussage kann aber auch aus mehr als bloß drei Wörtern beste-
hen. Dieses Merkmal tritt im ersten Kapitel bei 9 seiner zwölf Texte auf;
im dritten Kapitel trifft dies auf 32 seiner 33 Texte zu. Dazu, aus dem
ersten Kapitel, das Haiku XII von Seite 12:

die Nacht   weit offen
der Schwärze   meine Augen
so nah   dem Schwarzstern

Im dritten Kapitel „die Spinne" erzählt Dieterle eine ganze Geschichte. Da
heißt es etwa, mit dem Haiku II auf Seite 21:

Netz der Blicke   da
fadengenau   zwischen uns
gespannt   die Leere

Oder mit Nummer IX, Seite 23:

dein Netz   wie präzis
vor meiner Tür   gesponnen
oh!   mein Gefängnis

86

Mir bereitet manches dieser eigenwillig komponierten Haiku beim Lesen ein Lächeln; andere wecken Fragen. Was ich als wesentlich erachte: Satzzeichen, vor allem die Kommas, muss der Leser selbstständig setzen, wenn das Komponierte Sinn machen soll. Ebenso wie die fürs Auge getrennt gesetzten Textteile tastend zusammengesetzt werden, um einen gültigen Sinn zu finden, der alle Worte des einen Haiku umfasst. Auch fühle ich mich oft unsicher: Ob ich die Komposition denn richtig läse; ob ich ihren Sinn wirklich erfassen würde. Insofern decken sich Dieterles Texte meiner Meinung nach mit den klassischen Haiku: Der Leser ist aufgerufen, mitzuarbeiten am Text.

Das Buch ist vergriffen. Aber diese Technik mit den zwei selbstständigen Wortblöcken, mit diesen zwei Sätzen, die zu einem Haiku mit 17 Silben kombiniert werden – sie fasziniert mich.

Peter Rudolf

Obznanjeno 5

Dragan J. Ristić: OBZNANJENO 5. 2020–2025. Softcover. Niš 2025.
ISBN 978-86-6210-009-2.

Unter dem Titel „OBZNANJENO", auf Deutsch etwa „Verlautbarung" oder „Bekanntmachung", sammelt der serbische Autor Dragan J. Ristić seine eigenen Veröffentlichungen. Im Band Nr. 5 fasst er seine Haiku und Senryu, Tanka und Renga, Haibun und Tanbun der Jahre 2020 bis 2025 zusammen. Auch der Band Nr. 5 ist größtenteils auf Serbisch verfasst. Soweit seine publizierten Texte in Englisch oder Deutsch erschienen sind, hat sie der Autor in diesen Sprachen aufgenommen. In dieser Rezension beschränke ich mich auf wenige Haiku, die in deutscher Sprache in der Haiku-Agenda und im SOMMERGRAS erschienen sind.

Auf Seite 31 von „OBZNANJENO 5" findet sich das in der Kalenderwoche 12 der Haiku-Agenda 2021 publizierte Haiku:

Mein Nachbar und ich
teilen immer brüderlich
Akazienduft

Auf Seite 124 steht jenes Haiku, das es im Dezember 2023 in die HTA-Auswahl schaffte (SOMMERGRAS 143, S. 51) und in der aktuellen Agenda 2025 im Februar (KW 06) zu lesen ist:

große Schneeflocken –
hinter dem Fensterglas
zwei Kinderköpfe

Bemerkenswert finde ich, dass während meines Amtierens als HTA-Koordinator einmal alle drei vom Vereinsmitglied Dragan J. Ristić zum HTA-Wettbewerb eingereichten Haiku genügend Punkte erhielten, um veröffentlicht zu werden. Dass schließlich auch alle drei Haiku Eingang ins SOMMREGRAS fanden, ist für mich eine Ausnahme.

Alle drei Haiku hatten von der Jury genügend Punkte erhalten, um in der Auswahl publiziert zu werden. Es konnten aber nur zwei davon in die Auswahl gelangen – das ist eine unserer geltenden Bestimmungen zum HTA-Wettbewerb. Ein Haiku lag mit einem Punkt Vorsprung vor den beiden anderen. Diese beiden anderen Haiku hatten Punktgleichstand erreicht.

Der Autor hatte aber eines dieser beiden Haiku für die Aufnahme in die Mitgliederseite bezeichnet. So wurden im SOMMERGRAS Nr. 134 folgende drei Haiku veröffentlicht, zwei in den Auswahlen, eines (seinerseits auch mit genügend Punkten für die Auswahl) auf der Mitgliederseite:

Mitternachtsnebel –
die rotgrünen Augen
der Verkehrsampel

Der Sommer vergeht –
in dem nichtkommenden Brief
ist alles gesagt   S. 40 (SG 134, S. 57)

Beginn des Konzerts –
eine Stimme in dem Chor
zögert ein bisschen   S. 38 (SG 134, S. 65)

Ein Haiku von Dragan J. Ristić, das mich besonders anspricht und das in
meinen Augen für ihn als kritischen Autor spricht, ist dieses Haiku, das es
in der HTA-Runde 137 vom Juni 2022 lediglich auf die Mitgliederseite
(SG 137, S. 58) geschafft hat:

Hahnenkampf
und beide sind gut –
für den Topf

Foto: Gabi Buschmann

Berichte

Klaus-Dieter Wirth

Dankesbekundung der *Vuursteen*-Redaktion

Nachdem etwa ein Drittel meiner Artikelserie „Grundbausteine des Haiku", begonnen mit der Dezembernummer 2008 in unserem SOMMERGRAS, erschienen waren, zeigte fünf Jahre später auch der *Vuursteen* (Flint- bzw. Feuerstein), die von der flämischen und niederländischen Haiku-Gesellschaft (HCV/HKN) gemeinsam herausgegebene Zeitschrift – im Übrigen die älteste, noch bestehende in Europa – ihr Interesse an der Veröffentlichung dieser Essays. Da ich eine der Redakteurinnen, Marian Poyck, bereits aus früheren Begegnungen gut kannte, waren die notwendigen Modalitäten zum Einstieg bald geklärt. Sie übernahm prinzipiell die Übersetzung des jeweiligen Haiku-Bausteins, da es galt, nun auch etwaige, besondere Voraussetzungen ihrer Landsleute zu berücksichtigen. Um den Arbeitsaufwand so zeitsparend wie möglich zu halten, korrespondierte ich auf Deutsch und Marion auf Niederländisch, was uns beiden zur Vertiefung unserer Sprachkenntnisse umso mehr zustattenkam. Außerdem fügte ich wunschgemäß noch deutsche Haiku-Beispiele hinzu, die damals noch nicht Bestandteil der Grundbausteine waren, und sie weitere niederländische. Alle wechselseitigen Nachfragen waren, wie sich bald herausstellte, nie ein Problem und wurden umgehend einvernehmlich gelöst. Auf diese Weise kam das Projekt auch zügig voran und konnte ohne Unterbrechungen mit der vergangenen Winterausgabe 2024 des *Vuursteen* zum Abschluss gebracht werden.

Gleichzeitig flatterte eine große Überraschung ins Haus: Arie de Kluijver, der Vorsitzende des HKN, kündigte einen besonderen Dankesbesuch mit Marian bei mir in Viersen an. Dieser kam dann auch schon am 13. Januar unter zum Glück unproblematischen Wetterverhältnissen zustande. Arie reiste mit dem Auto aus Leiden in Südholland an, Marian aus Oldenzaal, nördlich von Enschede gleich an der niederländisch-deutschen Grenze, erst 30 Kilometer mit dem Fahrrad und dann weiter mit der Eisenbahn bis Nijmegen, wo sie Arie am Bahnhof aufnahm. Für jeden immerhin mehr als 200 km Anreise! Es wurde ein herzliches, dreistündiges Wiedersehen mit einem von meiner Frau Beate mit Bedacht vorbereiteten, deutschen Mittagessen und geselligem Gedankenaustausch.

Als Dankeschön-Geschenke für die von der niederländischsprachigen Haiku-Leserschaft mit viel Begeisterung aufgenommenen *Haikubouwstenen* überreichte mir Marian die Sonderbuchausgabe *Miniatures – Dots connected by lines* (Durch Linien verbundene Punkte) der niederländischen Textilkünstlerin Marian Bijlenga, bekannt geworden durch ihre großformatigen, eigenwilligen „Wandzeichnungen" mit bearbeiteten Elementen aus Rosshaar, Viskose, Papier, Glas und Fischschuppen. Arie schenkte mir mit einem breiten Lächeln einen genüsslich mit Sonnenbrille im Liegestuhl lesenden Nachfolger von Bashōs Frosch.

Danach zeigte auch ich mich erkenntlich. Als mein hoch geschätzter, niederländischer Haiku-Freund Max Verhart relativ plötzlich 2018 verstarb, wusste seine Lebensgefährtin Marlène Buitelaar nicht so recht wohin mit seinem verbliebenen Haiku-Nachlass. Natürlich sollte nicht alles einfach auf dem Müll landen, und so fuhr ich mit meiner Frau nach Herzogenbosch und holte dort einen ganzen Karton voll mit Restbeständen der von Max herausgegebenen, niederländisch-englischen Haiku-Zeitschrift *Whirligig* (Taumelkäfer) sowie etliche verbliebene niederländische Haiga des rumänischen Kunstprofessors Ion Codrescu ab, der ja auch schon für die DHG tätig geworden ist. *Whirligig* war von 2010 bis 2015 zweimal im Jahr erschienen und seinerzeit von Max, unterstützt von Norman Darlinton, einem Iren, und mir ins Leben gerufen worden. Nun übergab also ich meinerseits Arie dieses sehr wohl erhaltenswerte Gut weiter zu treuen Händen mit dem guten Gefühl, Max damit einen letzten Dienst erwiesen zu haben. Wahrscheinlich werden sich zukünftig neu in den HKN eintretende Mitglieder oder solche, die sich in irgendeiner Form bezüglich des Haiku verdient gemacht haben, an diesen außergewöhnlichen Beigabegeschenken erfreuen.

Nebenbei bemerkt, auch in der Zeitschrift *Gong* der frankophonen Haiku-Gesellschaft (AFH) finden die „Grundbausteine des Haiku" große Anerkennung. Dort starteten meine Übersetzungen im April 2014 mit dem Heft-Nr. 43 und umfassen mittlerweile bereits 33 der insgesamt 45 Themenartikel. Einige der Texte wurden schließlich auch im englischen *Blithe Spirit* und im serbischen *Haiku Novine* veröffentlicht.

Giesela Hümmer

Kreatives Schreiben – Haiku schreiben
Plakatgedichte und Editionen bei „Demokratie leben"

Fünfzehn nachhaltige Literaturprojekte hat der Begleitausschuss „Demokratie leben – Landkreis Kronach" Ingo Cesaro bisher zugebilligt. Nach den Projekten „Jan Palach", „Weiße Rose – Sophie Scholl", „Zivilcourage", „Europa/Wahl und Toleranz" wurde 2025 das Thema: „80 Jahre Kriegsende – 80 Jahre Frieden?" vorgegeben.

Haiku Literaturprojekte als „best practise-Beispiel"

Natürlich erhielten alle beteiligten Schülerinnen und Schüler an den Kronacher Schulen die entstandenen Editionen (Reihe: Kronacher Haiku I bis XV) überreicht.

Realschule I „Mut ist die Waffe" – (Lina Beraneck: Rose der Wahrheit/ Sie deckte das Verdeckte auf / durch Verrat verwelkt).

Siegmund-Loewe-Realschule II „Bleibe stets mutig" – (Nele Buckreus: Frieden wollte sie / Starb so grausam deswegen/ Ihr Leben zu kurz).

Kaspar-Zeuß-Gymnasium: „Der Schrei nach Freiheit" – (Marie Herrmann: Die Weiße Rose / sie stehn für den Widerstand / sie bereuen nichts).

„Von den Kronacher Haiku V – VIII) zum Thema: „Weiße Rose – Sophie Scholl" erhielt u. a. auch Frau Dr. Hildegard Kronawitter von der Weiße Rose Stiftung e. V. an der Ludwig-Maximilian-Universität München je ein Exemplar.

Sie schrieb am 23. März 2023 an Ingo Cesaro zu seinem großartigen Literaturprojekt an Schulen u. a.:

„Wir sind sehr beeindruckt von den Ergebnissen Ihrer Schreibwerkstätten. Sie legen diese als gedruckte Bücher in kleiner Auflage vor und haben damit ein bleibendes Zeugnis geschaffen für den literarischen Ausdruck von Schülerinnen und Schülern zur ‚Weißen Rose'. Zu Recht hat Sie die oberfränkische Presse für dieses großartige Lernprojekt mit drei Schulen gefeiert. Vielen Dank für die Übermittlung der Presseartikel.

Nun ist bei uns die Frage aufgekommen, wie wir die drei Editionen mithin Ihr gesamtes Literaturprojekt (dazu gehören „Sehnsucht nach Stille" im Verlag FREIPRESSE Bludenz /Austria und die von Cesaro herausgegebene internationale Anthologie „Nach Stille sehnen", Neue Cranach-Presse Kronach) aufgreifen und als „best practise-Beispiel" herausstellen können."

(Brief von Dr. Hildegard Kronawitter vom 23. März 2023).

Zuerst geht es um das Verfassen von Haiku

Die zweitägigen nachhaltigen Literaturprojekte beinhalten am ersten Tag Kreatives Schreiben, d. h. in der Schreibwerkstatt entstanden dreizeilige Kurzgedichte in Haiku-Form zu den entsprechenden Themen. Also in drei Zeilen mit 17 Silben und dem Silbenrhythmus 1. Zeile 5 Silben, zweite Zeile sieben und dritte Zeile wiederum 5 Silben. Erleichtert wird das Verfassen durch den klaren Silben-Rhythmus und den Wegfall des Endreims, es wird in Umgangssprache geschrieben und auf Wortwiederholungen und Silbentrennungen wird verzichtet.

Nach methodischem Vorgehen mit der Arbeit mit Wortkarten, dem Ergänzen von zwei vorgegebenen Zeilen mit einer dritten fünfsilbigen Zeile dann das Verfassen eigener Haiku. Nach dem Vortrag dieser und möglicher vorgeschlagener Korrekturen wieder Erfolgserlebnisse.

Nach der Kopfarbeit die Handarbeit

Am zweiten Tag nach der Kopfarbeit die Handarbeit. In Gruppen wurden eine Auswahl der selbstverfassten Haiku aus Einzellettern spiegelschriftlich gesetzt, ein Satzblock gebaut, der dann auf der Handnudel eingerichtet wurde. Anschließend wurde eine kleine Auflage Plakatgedichte im Format A 3 auf farbigem Papier im Buchdruck gedruckt. Auch hier schnelle Erfolgserlebnisse der beteiligten Schülerinnen und Schüler und Plakatgedichte für mit nach Hause.

Überreichung der Editionen an die Schüler

Beim letzten Projekt zum Thema Europa an der Siegmund-Loewe-Realschule II mit Klasse 7 A und der Klassenleitung durch Christiane Beisel. Es entstand die Edition: „Unsere Zukunft". Erstmal nach den Projekten an den weiterführenden Schulen in Kronach zwei an Mittelschulen.

Mit der Klasse 8 A der GMS Pressig mit der Klassenleitung Nina Schmalfuß entstand die Edition „Geht alle wählen" und an der GMS Küps mit der Klasse 6 b und der Klassenleitung von Andrea Ritzel entstand die Edition: „Offene Grenzen".

Am Kaspar-Zeuß-Gymnasium organisierte Susanne Posekardt von der Fachschaft Deutsch zwei Projekte. Mit der Klasse 10 A und der Klassenleitung Susanne Duryneck und Klasse 10 B mit Annamaria Grässle. Es entstanden die Editionen „Unser größter Schatz" und „Freizügigkeit pur".

Damit wuchs die Kronacher Haiku-Edition von X bis XV an.

Natürlich erhielten alle beteiligten Schülerinnen und Schüler eine Edition. Um dadurch die Nachhaltigkeit dieser Literaturprojekte zu unterstützen. Auch, um die Editionen als Archiv fürs eigene Argumentieren verfügbar zu haben.

Lange Nacht der Demokratie

Bei der „Langen Nacht der Demokratie" 2024 im VHS-Gebäude wurden die Editionen überreicht und einige Schüler trugen auch ihre selbstverfassten Haiku vor.

Außerdem organisierte Cesaro dort die Projekte „Weg der Poesie" und „Wir verschenken Poesie", um die Ergebnisse dieser Demokratie-leben-Projekte in die Öffentlichkeit zu tragen.

Fünf weitere „Kreatives-Schreiben-Schulprojekte", also nachhaltige Literaturprojekte mit Schreibwerkstatt und Setz- und Druckwerkstatt „wie zu Gutenbergs Zeiten" wurden Cesaro zum Thema „80 Jahre Kriegsende – 80 Jahre Frieden?" 2025 zugebilligt.

Damit setzt der politische Autor Ingo Cesaro seine über 40 Jahre lange Werbung für das Haiku an Schulen und Universitäten im In- und Ausland fort.

Angelika Holweger

Halle 16

Dorfbäckers Haus
durch die nackten Sparren
pfeift der Wind

Am 5. April 2025, einem wunderbaren Frühlingstag, hatte ich die einmalige Gelegenheit, in der Halle 16 in Sulz a. N. eine Lesung zu halten unter dem Titel: geblieben ist uns Fliederduft.

Die Halle 16, eine ehemalige Fabrikhalle mit „Vergänglichkeitscharme", wurde überwiegend von Ehrenamtlichen mit Herzblut und viel Liebe wiederbelebt.

Am rostigen Nagel
ein ausgebleichtes Bündel
Garbenseile

Vom April bis Ende Oktober wird ein kunterbuntes Programm sowie auch hochrangige Kultur geboten. Wie immer hat mich mein Sohn mit passender klassischer Gitarrenmusik begleitet. Wir hatten ca. 25 sehr interessierte Besucher(innen). Die Programmpunkte umfassten vier Blöcke. Haiku und Prosa im Wechsel mit Musikeinlagen.

die Leichtigkeit
eines Augenblicks
Buschwindröschen

Begonnen mit dem Frühling, weiter mit Erinnerungen und Erotik/Liebe. Das größte Interesse galt dem Thema Liebe und Erotik. Da gab es einiges zum Schmunzeln. Passend zum Sonnenuntergang, der sich in den milchigen Fensterscheiben tiefrot zeigte, endete eine meiner schönsten Lesungen mit Gedanken zur Nacht.
Glück kann man nicht festhalten, aber teilen. Genau dies ist mein Anliegen mit diesem Bericht.

Dämmerstunde
komm ich zeige dir
den Duft meiner Rose

Foto: Claudia Brefeld

Mitteilungen

Neuveröffentlichungen

1. Norbert Flemming: „MOMENTAUFNAHME" – Haibun 2024/25.
   31 Haibun in 8 Kapiteln zwischen Ouvertüre und Coda, 12 Farbfotos,
   12,5 x 19 cm. 57 Seiten. Zu beziehen unter: donofle@t-online.de

2. Haiku-Kreis der Deutsch-Japanischen Gesellschaft in Bayern: „Aufge-
   reiht zum Flug." Haiku-Anthologie mit Tuschmalereien von Monika
   Hermann. Mit einem Grußwort von Yoshino Yamada (Kobe) und ei-
   nem Nachwort von Yuko Murato. Hrsg. Yuko Murato, München 2024.
   94 Seiten. Zu beziehen unter: djg-muenchen@t-online.de

3. Georges Hartmann: „Blaue Wunder – Gedankenspiele" (Haibun). Soft-
   cover, Fadenbindung, 12,5 x 19 cm, farbiges Innencover. 84 Seiten.
   bon-say-verlag, 2025. ISBN 978-3-945890-58-5. Zu beziehen unter:
   info@bon-say.de

4. Christiane Freimann: Haiku-Heft 13 „Hosentaschenzettel". Präsentiert
   einen Querschnitt aus dem Schaffen der Haiku-Dichterin. 10,8 x 17 cm;
   Paperback. 48 Seiten. Rotkiefer Verlag, 2025.
   ISBN 978-3-949029-43-1

5. Jutta Weber-Bock / Wolfgang Haenle: „stunden mit uns selbst". Lie-
   bes-Haiku im Dialog. 12 x 19 cm, Hardcover. 100 Seiten. Rotkiefer
   Verlag, 2025. ISBN 978-3-949029-40-0

Sonstiges

Haiku-Preis 2025
Haiku heute schreibt das siebte Jahr einen Haiku-Preis aus.

Modalitäten: Die Teilnahme ist frei. Jeder Autor kann ab sofort bis einschließlich 31.07.2025 bis zu zwei eigene Haiku in deutscher Sprache einreichen, die bisher nicht öffentlich geworden sind. Diese sollten bis zum 30.08.2025, dem Abschluss der Auswahl, nirgendwo veröffentlicht werden. Das Thema der Texte ist frei. Ein Haiku sollte aus möglichst nicht mehr als drei Zeilen und möglichst nicht mehr als 17 Silben bestehen.

Auswahl: Die Auswahl der Haiku trifft Ramona Linke. Kurzgedichte von ihr finden sich in allen Haiku-Jahrbüchern ab 2004.

Gewinn: Die Bestplatzierten erhalten Zertifikate ihres Abschneidens.

Koordination: Die eingereichten Haiku sammelt Volker Friebel, der selbst keine Haiku einreicht.

Rechte: Die Rechte an allen Haiku bleiben bei ihren Autoren. Bei ausgewählten Haiku nimmt *Haiku heute* die nicht-exklusiven Veröffentlichungsrechte von Haiku und Autorenname für seine Seiten in Anspruch sowie für einen Bericht zum Haiku-Preis, der auch an anderen Stellen und in anderen Medien erscheinen kann, sowie für das Haiku-Jahrbuch und eine von Volker Friebel zusammengestellte Anthologie des deutschsprachigen Haiku (Papierdruck und elektronische Ausgaben). Die Autoren von ausgewählten Haiku können ihre Texte nach Veröffentlichung des Ergebnisses weiterhin frei verwenden.

Widmung: Der Haiku-Preis bietet Gelegenheit, auf Personen in der Haiku-Dichtung besonders hinzuweisen. Im Jahr 2025 ist der Haiku-Preis Jack Kerouac (1922–1969) gewidmet, dem US-amerikanischen Schriftsteller und Vertreter der Beat-Generation. Er schrieb neben seinen Romanen und Versen fast tausend Haiku. Kerouac kann als ein Wegbereiter des Haiku im Westen gelten. Allen Ginsberg betrachtete ihn gar als einzigen Dichter in den USA, der Haiku zu schreiben wusste.

Einreichadresse: Die Haiku bitte in das Formular auf der folgenden Netzadresse eintragen. Einsendungen auf anderem Weg können leider nicht akzeptiert werden: www.haiku-heute.de/haiku-preis

Auszeichnungen

blooming
behind closed lids
wild iris
in the backyard
of my childhood home

noch immer blüht sie
hinter schwarzen Lidern
wilde Iris
im Hinterhof
meines Elternhauses

    Stefanie Bucifal

2. Platz
San Francisco International Haiku and
Tanka Competition 2024

somewhere
a room with a view
for a month
we lived solely
on azure

irgendwo
ein Zimmer mit Aussicht
einen Monat lang
lebten wir nur
vom Azur

    Stefanie Bucifal

Honorable Mention
San Francisco International Haiku and
Tanka Competition 2024

Mentoring

Für das Haiku- und Haiga-Mentoring stellt sich Claudia Brefeld zur Verfügung: post@claudiabrefeld.de

Coverbild

Das Bild für das Cover dieser Ausgabe stammt von Claudia Brefeld. Es handelt sich um ein Ziehbild eines Graffitos; während der Belichtungszeit wird die Kamera bewegt.
Claudia Brefeld wuchs grenzübergreifend in Gronau (nahe NL) auf, lebt heute mit ihrer Familie in Bochum, hat im Bereich Biologie an der RUB gearbeitet. Sie schreibt Aphorismen, Haiku, Kettendichtungen, Tanka und ist – gerne auch experimentell – der Natur mit der Kamera auf der Spur, gestaltet Haiga und Sinnbilder. Publikationen (auch international) auf Netzseiten, in Anthologien sowie Print- und Onlinemagazinen. Mehrere Haiku-Preise. Gründungsmitglied und Vorstandsmitglied der DAphA. Vorstandsmitglied (2007–2019) und 2. Vorsitzende (2009–2015) der DHG. Betreiberin der Website *Haiga im Focus* seit 2017.

Impressum

Vierteljahresschrift der Deutschen Haiku-Gesellschaft
38. Jahrgang – Juni 2025 – Nummer 149

Herausgeber: Vorstand der DHG
Tel.:+49 471 41875156
E-Mail: info@haiku.de

Redaktion: Horst-Oliver Buchholz, Eleonore Nickolay, Sylvia Hartmann
Mitarbeit: Claudia Brefeld

Titelillustration: Claudia Brefeld
Covergestaltung: Martina Khamphasith

Lektorat Gabriele Buschmann, Martina Khamphasith
Satz und Layout: Martina Khamphasith

Freie Mitarbeit erwünscht. Ihre Beiträge schicken Sie bitte per

E-Mail an: Sylvia Hartmann und Eleonore Nickolay:
redaktion@sommergras.de

Post an: Frank Sauer, An der Schildwiese 82, 38300 Wolfenbüttel

Über die Veröffentlichung der Beiträge entscheidet die Redaktion. Die Meinung unserer Autoren muss sich nicht immer mit der Meinung der Redaktion decken. Die Beiträge werden von uns sorgfältig geprüft, für die Richtigkeit, Vollständigkeit und Aktualität der Inhalte, insbesondere der fremdsprachlichen Texte, können wir jedoch keine Gewähr übernehmen.

Einsendeschluss
für die Haiku- und Tanka-Auswahl: 15. Juli 2025
Redaktionsschluss: 20. Juli 2025

Jahresabonnement Inland (inkl. Porto) 45 €
Jahresabonnement Ausland (inkl. Porto) 55 €
Einzelheftbezug Inland (inkl. Porto) 12 €
Einzelheftbezug Ausland (inkl. Porto) 14,50 €
Auslandsversand nur auf dem Land-/Seeweg.

Der Mitgliedsbeitrag beträgt 45 € im Jahr und beinhaltet die Lieferung der Zeitschrift (Inland inkl. Porto, Ausland + 10 € Porto).
Die finanzielle Unterstützung der DHG quittieren wir mit Spendenbescheinigungen.